老荘と仏教

森　三樹三郎

目次

老荘と仏教

I

老荘思想——中国的世界観……10

老荘思想と仏・道二教……39

道教の発生と展開……67

II

中国知識人の仏教受容……104

中国思想における超越と内在……134

中国における空の思想……162
思想史における善導の地位……193
『無量寿経』三訳にみる「自然」……239

III

死の象徴としての阿弥陀仏……272
あとがき……288
解　説……蜂屋邦夫……290
初出一覧……299

老荘と仏教

I

老荘思想——中国的世界観

一　長谷川如是閑の『老子』

そのむかし、まだ学生あがりのころ、長谷川如是閑《はせがわにょぜかん》の『老子』をよみ、たいへん明快なのに感心したことがある。そこで如是閑と親交のあった恩師の小島祐馬《おじますけま》先生に、この書物についての感想を求めたところ、先生は言下に「あれほど独創的な老子解釈はないね」といわれた。どこが独創的なのか、駆けだしの私などにはわからなかった。そののち研究者の真似ごとをするようになってから、ようやくこの書物が尋常のものでないことがわかるようになった。素人《しろうと》はこわいというが、これはその見本みたいなものである。

しかし如是閑はただの素人ではない。少年時代から論孟老荘などの素読《そどく》を受けたばかりでなく、その後もこれを座右において「鑑賞の態度」をつづけてきたという。これが実はこわいのである。内藤湖南《ないとうこなん》はジャーナリストから中国学の専門家になったが、如是閑は専門学者にはならなかったものの、中国にたいする関心は強かった。この『老子』は昭和十一年の刊行であるが、そのころまでの専門家の研究書なども、十分に読みこなしていることがわかる。その上で「先儒や専門家諸氏のそれとは多少異なった、私自身の視角からの見方をするようになった」という。これは、もはや素人芸ではない。

ここで如是閑の『老子』を紹介するのは、私自身の労を惜しむからではなく、流行語でいえば老子解釈の「原点」を押えておきたいと思うからである。老子のように象徴的な表現の多い書物では、原点を見失うと、その解釈はとんでもない方向にそれて行く危険性が大きい。そこで以下、如是閑の『老子』の要点を述べながら、要所に如是閑自身の語を引用する方法をとることにしたい。

老子の伝記のうちで最も古いのは、司馬遷《しばせん》の『史記』の老子伝である。老子は楚《そ》の苦県《こけん》人で、姓は李、名は耳《じ》、字《あざな》は伯陽、諡《おくりな》は聃《たん》という。周の守蔵室の吏、いわば国立図書館の司書のような仕事をしていたが、あるとき孔子が訪れて、老子に礼を問うたことがある。すると老子はひどく孔子をののしったあげく、これを追いかえしてしまった。その後も老子は周の国にいたが、もはや周の王室に再興の見込みがないことを悟り、ついに去って関まできたところ、関所役人の尹喜《いんき》というものが、ぜひとも私のために書物を書き残してほしいと所望した。そこで老子は上下二篇、五千字の書をあらわした。これが今日に伝わる老子五千文である。老子はそのまま立ち去り、その終わるところを知らない。

これが『史記』老子伝の大要であるが、司馬遷もこの老子伝には自信がもてなかったようである。というのは、司馬遷はすぐこのあと二、三の異説をあげ、いずれとも決定できないといっているからである。つまり司馬遷のころ、西暦前二世紀の時代には、老子の伝記はわからなくなっていたとみられる。

そこで昔から老子という人物の実在を疑った学者は多い。その疑問は老子の伝記からばかりでなく、現存の老子の書の内容からも生ずる。その記述の様式も、詩のようなものもあれば、散文のようなものもあり、その内容も、超越的な無為の大道を説くかと思えば、縦横家流の権謀に類するものもあって、一人の著述とは思われないふしが多い。このようないろいろな疑問はあるものの、しかし「多くの学者は、老子の実在を肯定した上で『老子』五千文の書は、老子の筆になった文章以外に、後代の老荘一派のそれが混入したのであろう、という中間説をとっているようである」。

このように現存の老子の書は、別人の手になった文章がまじっているにしても、それは一定の傾向に従ってそうなったわけで、でたらめの混線はないのである。したがって『老子』五千文の書は、それほど乱雑なものではない。だから「これを一つの思想体系としてみれば、時代または集団の思想的産物とみて、すこしも差支えない道理である。牛に乗った白髪童顔の仙人は、この思想体系の芸術的象徴とみればいいのである」。

そこで老子の思想であるが、まず第一に明らかなことは、老子の教えが孔子のそれのアンチテーゼとして立てられていることである。『老子』第一章の「道の道とすべきは、常の道にあらず」という一句をとってみても、これが道だとして固定的にとらえられるような道は、永久不変の真の道ではない、というのであるが、その固定化した道、形式化し因習化した道というのは、孔子の道をさしたものにほかならない。これは一例にすぎず、『老子』全編が孔子の教えにたいするアンチテーゼから成立しているといってもよい。したがって「孔子の儒教というものがなかったならば、老子は全く何もいうことはなかったはずである」「だから時間的にも孔子が先で老子が後のはずである」。

それでは儒教と老子との対立は、いったいどこから生じたのか。それは数千年にわたる中国社会の根本構造をめぐっての見解の相違からである。もともと中国の国家の形態は、古くから里《り》とよばれている村落自治体をそのままにしておいて、その上に大きい政治形態を形づくっていた。この大きな「政治形態」と小さな「生活形態」とが、二つの社会的対立をなしているのが中国の特徴である。昔から中国の国家は人民の生活や産業に保護や指導の政策をとったことがなく、ただそれから収奪していただけであって、村落自治体はまったく自治的に生存するほかはなかった。

「だから、最近の社会学者のいわゆるステート（国家）とコミュニティ（社会）との二つの形態の対立が、中国ほど、はっきりと数千年間持続されたところは世界でも少ないといっていいのである」。

そこで春秋戦国の乱世になり、従来の国家秩序がくずれ始めたとき「儒教は、そのステートすなわち国家形態のほうに理想的社会形態を認めたのであるが、老子教のほうは、コミュニティすなわち村落自治体のほうに理想的社会形態を認めたのである」。

老子が村落自治体の生活を述べたものに、有名な小国寡民章《しょうこくかみん》がある。その大意は「国土は小さく、人口は少ないのがよい。たとえ文明の利器はあっても、用いさせないようにするのがよく、民には生活を大切にさせ、遠方に移住させないようにする。また舟や車はあっても乗らせないほうがよく、兵器はあっても用いさせないがよい。上古のように縄を結んで約束のしるしとする習慣を復活させ、文字を不要とする。現在のままの衣食住に満足させ、従来のままの習俗を楽しむようにさせる。このようにすれば、たとえ鶏や犬の鳴き声が聞えてくるような近い所にある隣国とも、生涯にわたって往来することがなくなるであろう」というのである。まるで過疎地帯の住民の移動防止論のようでもあり、マイカー制限論に通ずるようでもあるが、これが老子の理想郷のありかたなのである。

これにたいして司馬遷は近代の資本家のような考え方をした人で、その『史記』の貨殖伝では、この老子の小国寡民の説を批判して、「このようなやりかたで近代の風俗を改め、民衆の耳目の欲をふさごうとしても、それはとうてい不可能なことである」「昔から人間には美色美味、生活の安楽や権力の強大を求めてやまぬ習慣がついている。こんな高尚なことを、たとえ戸別訪問をして説いてまわったところで、何の役にも立ちはしないだろう」といっている。つまり老子のユートピアは実現不可能だというのである。しかし司馬遷のいうような「そういう現実の情勢が行きづまって、不安混乱の社会となったときに発生した反対観念が老子の理想社会であって、今日、西洋の没落が西洋人の間に起こっているようなものである。しかし老子の場合は、今の西洋没落説のように純然たる観念的アンチテーゼではなく、現実的の村落自治体が泰然と混乱の底に不動の形態をもって頑張っているのだから、思想的にも有力なはずである」。

老子の理想郷が、たんなるユートピアでないことは、これをプラトンのそれに比較すると、いっそう明らかになる。プラトンも対話篇の法のところで、古代社会の状態を想像して述べているが、それはこの老子の小国寡民の説によく似ている。だが「いかにも老子の理想社会に似ているが、プラトンの政治学は、ギリシアをこういう社会に還元せしめようというのではなかったが、老子の政治学は、このような社会状態への還元をその政治の理想としたのであった。それは老子がプラトンよりも空想家だったからではなく、当時の中国は、ほとんど原始的の単純社会に近い村落自治体というものを単位としていた大国であったからである」。つまり老子の小国寡民というのは、現に存在している村落自治体そのものであり、それは実在しているものであるから、ユートピアではないともいえる。

二　老子の政治思想

ところで、儒教はステートすなわち国家形態のほうに理想をおき、老子のほうはコンミュニティすなわち村落自治体に理想をおいたのであるが、それではなぜこのような立場の分裂が生じたのであろうか。

周の初期の封建制度がくずれて群雄割拠の状態になり、列国の生存競争が激しくなるにつれて、周初に定められた千七百の国家の数は、春秋時代になるとその三分の一に減少したといわれる。そうすると亡国に仕えていた官吏が失職することになる。日本でいえば浪人であるが、中国の官吏はすべてインテリであったから、春秋戦国の時代には、おびただしい失業インテリが発生していたわけである。孔子や老子もこの失業インテリであったし、戦国の諸子百家《しょしひゃっか》とよばれる人々もそれであった。

「そして、この階級が二つの群に分かれたわけである。一つは、春秋時代の国家闘争の過程に応じて、その政治闘争に職能をもつ知識階級の地位をとらんとする一群であり、他の一つは、そういう職能的地位に望みを絶って、それから超越した批判的態度をとらんとする、近代のインテリゲンチアのような地位の一群である。そしてこの両者のうちの前者に属するものが孔子の一派であり、後者に属するものが老子の一派だったのである」。

同じ失業インテリでも、積極的に政治に参加しようとした孔子は「夢に周公を見ず」と嘆いたように、周初の大統一国家の再現を念願とした。周は高度に礼制の完備した国家であったから、孔子の理想は文化国家の実現にあったことになる。ところが老子は、これとは逆に、文化のない、自然のままの村落自治体こそ理想であるとした。なぜか。「周代の繁文縟礼《はんぶんじょくれい》的の国家制度そのものを否定する老子一派の意識は、おそらく、最も深くそうした制度の欠陥を経験した階級から生まれたものであった。近代のアナーキズムは、主としてロシアの貴族階級から芽ばえてきたのであったが、老子教も同じ事情をもったものと考えられる。それは高級の文化意識によって自己の階級を批判した産物であって、いわば自己否定の態度である。老子の制度否定は、その制度の崩壊過程に当たって、その制度を把持する階級自体におこるところの意識だったのである。すなわちトルストイのアナーキズムのようなものである。そしてトルストイの場合も、かれ自身の階級が圧迫を加えてきた農民階級の生活の礼賛となって現れたのであるが、老子の一派もまた、自分は高級の文化階級にあって、そしてその憧憬するところは、村落自治体の生活だったのである」。

誤解を避けるために、ぜひここで一言しておかなければならないことがある。それは老子が無政府主義ではないということである。なるほど老子は自然のままの生活をつづける村落自治体のありかたを理想にしたが、しかしそれは現存の政治組織を全部なくしてしまって、村落自治体だけを残せ、というのではない。むしろそれとは逆に、小さな村落自治体を単位社会とした、大国家の組織の存在を自明のこととして前提にしているのである。「老子は、しばしば無政府主義といわれるが、しかし政治組織の全くない、支配者をもたない社会は、老子の決して考えなかったところである。老子の書のうちには、そういう状態の社会を予想したような語句すらない。小国寡民の章でも、人民をかくかくならしむといった口調で、その状態を持ちきたすべき政治組織の存在を暗示しているのである」。老子が「民を愛し国を治め、よく為《な》すなからんか」とか、「大国を治むるは小鮮《こざかな》を煮るが如し」といったことを口にすることが多いのもそのためである。「老子の政治学は、政治組織（国）と治者（王）と政治階級（士）のそれであることは、孔子の政治学と変わりはない」。

しかし村落自治体の上にのせられる政治組織は、孔子の考えるそれとは、大いに性格を異にする。それは民衆の生活に干渉せず、無為のままに放任する政府である。もちろん小国寡民の章にいうように、自然のままの生活が保たれるように配慮する必要はあろうが、それ以上に出てはならないのである。その無為というのは無能力の意味ではなく、何もかも心得た上で何もしないのである。「老子の政治組織は、為《な》すなくして為さざるところのない、有為有能のものでなければならないわけである。老子は無政府どころか、たいした政府を要求しているのである」。

三　自然の道と人為の道

老子の政治思想についてはこの程度にとどめ、次にはそこから生まれた老子の哲学について見ることにしよう。便宜上、ここからは必ずしも如是閑の『老子』の順序を追わないで、私自身の自由なアレンジによることにしたい。

老子の書には「恍《こう》たり惚《こつ》たり、その中に物あり。窈《よう》たり冥《めい》たり、その中に精あり」といった神秘的な表現が至るところにみえ、近づき難い形而上学の書であるような印象をあたえる。事実、老子は孔子とは違って、一種の形而上学を構成したのである。しかし「老子の教えは、表面からみると極めて観念的で、生活の現実よりは、観念の興奮に堕した傾向のようにみえる。しかし、決してそれによって哲学のための哲学を求めたのではなく、それによって最もよき政治形態を求めたのである」。もしそうだとすれば、難解にみえる老子の哲学も、かれの理想とする村落自治体がもつ属性を分析すれば、ある程度までの理解ができるはずである。

老子の愛する小国寡民の村落自治体は、太古のままの自然の生活をつづけている。そこからまず「自然」という観念が生まれる。老子の思想は「自然に帰れ」という一語につきるといってよいほど、それは重要な概念である。それでは自然とは何か。最も常識的にいえば、それは人為・人工の反対概念である。自然になるためには、何よりも人為を、意識的な作為を、排除しなければならない。

人為の筆頭にあげられるのは知識である。知識は物を判断して、善悪や美醜など、さまざまな対立差別をつくりあげる。そうなると、善美を欲し醜悪をきらうのは人情であるから、そこから人々のあいだに不平不満や憎悪がうまれ、ひいては絶えざる争いのもととなる。「知識はその意味では、いたずらに国家または個人の自己本位の争いを激化する動因にすぎない。現に、最も知識ある階級が、春秋戦国の乱脈状態の張本人であり、無知蒙昧《もうまい》の村落自治体の農民階級だけが、そうした闘争や混乱から超越している。そうした眼前の事実の認識が、老子の知識否定の根底なのである」。

しかし不自然なのは知識ばかりではなく、その知識によって誘発される欲望もそれ以上に不自然である。老子は「馳《ち》騁田猟《ていでんりょう》は人の心を発狂せしめ、得がたき珍貨は人の行ないを妨げしむ」という。当時の知識階級は、狩猟の遊びにふけり、難得の珍貨を手にして喜んでいたが、それは無知の農民のあずかりしらぬものである。この事実は、知識の向上が新しい欲望を開発することの何よりの証拠であろう。かくて知識によるる欲望の無限の開発は、いよいよ人間の心の欲求不満をかきたて、ついには発狂の状態にまで追いこんでやまない。自然の生活を守るためには、何よりも「無欲」が必要である。

しかし老子は無欲とはいっているものの、実は欲望を絶無にするのではなくて、「足るを知るものは富む」というように、知足安分といいかえたほうが正しい。「老子の感覚否定はストア哲学や仏教のような、意志による禁欲主義ではない。意志など働かすことは老子にとって禁物である」。もし老子が自己の属する文化人の階級のために節制の道徳を説いていたとすれば、あるいは意志の力による禁欲を説いていたかもしれない。しかし老子の念頭にあったのは、自然のままに無欲の状態にある村落自治体の農民であった。ここで禁欲を説いたのでは、かえって不自然になる。

もっとも、その老子も時には文化人の階級のための道徳を説くことがある。「聖を絶ち知を棄《す》つれば、民の利は百倍す」などがそれである。だが、老子の理想は、そうした手間さえも必要としない自然人にあることはもちろんである。「老子自身も、われ独り怕《はく》として未《いま》だ兆《きざ》さず、嬰児《えいじ》の未だ孩《わら》わざるが如し、といって自然人を気どっているが、これは聖人が愚に帰った場合をいっているので、村落自治体の自然に比べると、いかにも物々しい。しかしそれは老子自身が高級の文化人だから已《や》むを得ない」。

ところで、このように無為、無知、無欲などと、やたらに無を説いているうちに、やがて無という独立の観念ができあがるようになる。そこに「無」の哲学が成立する。

しかしこの無の哲学の成立は、同時に宇宙の根本原理である「道」と密接不可分の関係にあるので、まず道の観念の発生のほうから考えるのが順序であろう。

宇宙万物の起源をとらえたいという念願は、どの民族にも古くからあった。その最初のかたちは神話であったが、すこし段階が進むと、神にかわって抽象的な概念がおかれるようになる。老子の場合、それは道であった。もっとも道という言葉そのものは、老子より前に儒家が用いていたもので、老子の発明したものではない。ただ儒家のいう道は人倫道徳の道であり、人為の道であって、自然の道ではなかった。そこで老子は「道の道とすべきは常の道にあらず」というように、儒家の道を否定することによって、真の道を立てようとしたのである。それは敵の武器をうばって敵をうつ兵法であったといえよう。

ところで、儒家の道は仁義忠孝といった一定の内容をもつ道であった。つまり有の道である。このような有の道を進めば、結局は文化の建設というプラスの方向をとり、老子の最も憎む不自然な社会をつくることになる。自然の社会をつくるためには、無為・無知・無欲というように、マイナスの方向をとる必要がある。とすれば、道の内容は無でなければならない。無こそ万物の根源であり、あらゆる有はそこから生ずる。これが老子の無の哲学である。

この無は、また「一」とよばれることもある。「もし老子の当時に、ゼロという数の観念があったら、老子は必ず彼の道を、無の数であるゼロという数字で表したろうが、当時はまだゼロという数の観念がなかったので」、一で代用したのである。「一は、道が物としての形をあらわす第一歩であり、またそれ以上に分割することができないものであって、しかもあらゆる数は一の和によって構成されている。だから一という数は、始めであるとともに終わりであり、単一であると同時に総《す》べてであるというような考えから、道の体たる無の第一次発展を一としたわけである」。

以上が長谷川如是閑の『老子』の、あわただしい素描である。おそらくは割愛すべからざるものを割愛したばかりでなく、不用意のうちに私自身の勝手な考えかたで本来の姿をゆがめていることであろう。だが、このように『老子』全編の基調を村落自治体への関心におくことは、老子解釈の王道であると信じる。

四　荘子の人間哲学

老子にならぶ道家の代表者は荘子である。両者のあいだには、むろん大きな共通点があるが、しかしその隔たりもまた決して小さなものではない。

老子の伝記は極端にあいまいで、その人物の実在さえ疑われる始末であるが、荘子の伝記も不明確な点が多いとはいうものの、ほぼその輪郭だけはとらえることができる。まず『史記』の荘子伝の概略をのべてみよう。荘周は戦国時代の宋国の蒙《もう》（河南省商邱県）の人で、その土地の漆園《うるしばた》の吏になった。失業インテリとはいえないかもしれないが、実質的にはそれに近い。その生存の時期は、梁《りょう》の恵王や斉《せい》の宣王のそれにあたるという。これは孟子が面会しているので、おなじみになっている王の名である。荘子は博学であり、いろいろな学問に通じていたが、その根本は老子の学にあり、これに帰着するという。その文章は巧みで、盛んに他の学派に攻撃を加えた。しかしその議論はひとりよがりで、放言が多かったため、かれの人物を認める王侯貴族はなかった。ひとり楚の威王だけが彼を宰相に迎えようとしたが、荘子は気楽な在野の生活を楽しみたいといって断わった。これが『史記』荘子伝の大要である。

この『史記』の伝をもとにして、他のいろいろな史料を参考にすると、荘子はだいたい前三七〇年ころから前三一〇年くらいまでの人で、儒家の孟子と同時代であると推定される。ただ、そうなると孟子と荘子とが相手のことに一言もふれていないことが、難点になるといえばいえなくもない。しかしコミュニケーションの未発達な時代では、有名人になるのに時間がかかり、死後になってはじめて世に知られることも珍しくない。無名人同士が相手を知らないのは普通のことである。わが国でも親鸞と日蓮とは同時代であるのに、相手のことにはまったくふれていない。このように考えると、孟子と荘子とが相手を知らないのは、むしろこの二人が同時代人であったことの証拠になるかもしれない。

つぎに現在の『荘子《そうじ》』三十三篇について一言すると、この書物は内篇七、外篇十五、雑篇十一の構成になっている。このうち内篇の七篇は荘子の自著、もしくはそれに近いもの、外・雑篇あわせて二十六篇は、荘子学派の後継者たちによって書きつがれたもの、とみるのが、ほぼ今日の定説になっている。そして内篇と外・雑篇との間には、かなりはっきりした思想の変遷がみられ、両者を区別しなければならない、という見方が有力である。

さて、その荘子の思想であるが、これは老子の場合と、だいぶん様子がちがっている。もちろん同じ道家であるから、無為自然や無知無欲の道を説くことでは共通するのであるが、その関心の方向が根本的に異なっているのである。ひとくちにいえば、老子は村落自治体への復帰といった政治の問題に強い関心をよせたのであるが、荘子の場合は、もはやそのような政治への関心がうすれ、もっぱら人生いかに生くべきかという人生哲学に重点がおかれている。

この点について、ヤスパースの『孔子と老子』が、老子と荘子との区別を論じた部分はおもしろい。「荘子の独創力と具象的なファンタジーは、逸話、対話、状況によって人を魅惑する。しかし老子との差違は大きい。老子は根源性、真剣さ、思い上がりのなさ、深い苦悩および静安の真理によって人を魅す。それに反し、荘子は、驚きによって刺戟し、人を仰天させ、皮肉屋、懐疑家を装い、老子の思想を、自分の著作上の発明の素材のように自分の意のままにする。荘子は著作の形成の意図性を感知させる。それで、老子の言葉は皆その意味を変えられてしまう。老子はこの世において道から遠く離れている者の、測りがたい苦しみを担っている。荘子はただ、移ろいゆくことと死についての人間の自然の悲哀と、どこから、どこへ、何のために、という無益な問いかけにおける悲嘆についての、人間の悲哀を語っているにすぎない」(田中元訳、理想社)。

ヤスパースは自己の哲学的立場から、限界をつけつつも老子を高く評価するのであるが、荘子については、ほんのわずかのスペースをさいているだけである。これは一つにはヤスパースが荘子を老子の後継者とする古い見方にしたがったためでもあるが、この点だけに限っていえば、これは誤解である。老子と荘子の先後関係はわからないというのが本当であって、なかには荘子のほうが古く、荘子の文句を抜粋して老子ができたという見方もあるくらいである。ただヤスパースが「荘子は移ろいゆくことと死についての人間の悲哀を語っている」というのは当たっている。六朝《りくちょう》時代には、荘子は「死の哲学」を説くものだという世評があった。老子が政治的現実の世界に中心を求めたとすれば、荘子は人間の生死という永遠の問題に思いをよせたのである。

五　人為をはなれた、ありのままの世界

まず、荘子の中心思想から述べよう。荘子思想の中心が、内篇に属する斉物論篇の「万物斉同《ばんぶつせいどう》」の思想にあることは、今日多くの研究者の意見が一致するところである。そこで万物斉同とは何か、というところから考えてみたい。

老子は自然を失わせる人為の筆頭に、知識をおいた。つまり知識という人為は、善悪美醜といった対立差別を作りだし、これによって自然の世界を見失わせるというのである。荘子もまた、この老子の主張に同調する。ただ荘子は一歩を進めて、認識論

の立場から、知識のもつ相対性を明らかにし、これによって知識を根本的に否定しようとする。知識という人為を加えないありのままの世界、自然の世界では、あらゆる対立差別は消失し、すべてが斉《ひと》しく、すべてが同じい、というのが万物斉同の説である。

たとえば場所についてみよう。常識では、場所を区別して、此《ここ》と彼《あそこ》の対立差別をつくる。此というのは、私の身体が現在ある場所である。しかし私の身体をすこしく移動させると、今まで此であった場所が彼になり、逆に今まで彼であった場所が此になってしまう。つまり此と彼という場所の区別は、人間の身体に対してのみある、相対的なものでしかない。もし身体という人間的なもの、人為的なものから離れて、自然のありのままの空間、いわば絶対的空間といったものを考えるならば、そこでは彼《ひ》此《し》の区別はもちろん、前後左右の区別もなくなり、あるものはただ一つの空間だけということになろう。

これはひとり物理的な空間だけに限ったことではない。常識では物に美と醜の区別があるものと信じている。はたしてそうであろうか。毛嬙《もうしょう》と麗姫《りき》とは、絶世の美人として名高い。だがこの二人の美女が近づくと、池の魚はその姿に恐れて水深く沈み、木にとまる鳥は驚いて空に飛びたち、鹿のむれは肝をつぶして一目散に駆けだすであろう。してみれば、美とは人間に対してのみあるものであり、相対的なものでしかないことがわかる。

美醜の区別ばかりではない。是非善悪という道徳上の差別もまた同じである。たしかに、人間として生きているあいだには、聖人と盗賊との区別はある。しかし、いったん死が訪れると、堯舜《ぎょうしゅん》も盗跖《とうせき》も、ひとしくただの腐骨になってしまうではないか。もし、われわれが人間という局限された立場を離れ、人間以外の、もしくは人間以上の立場にたつならば、善悪美醜といった差別は一挙に消失するにちがいない。

しかもそれは善悪美醜よりも、より根本的な有無の対立についてもいえることである。老子は「天下の物は有より生じ、有は無より生ず」といった。つまり万物の始めに無をおいた。しかし始めという以上は、その無に先行する始め、まだ無のなかった始めがあるはずである。さらには、その「無のなかった始め」に先行する始めがなくてはならない。このようにして無限に始めを求めて行かなければならないのであるから、万有の始めに固定した無をおくことは誤りであることがわかる。

それでは万有の始め、万物の根本になるものは何か。それは有でもなく無でもないもの、あるいは有と無とを同時に包みこむもの、いいかえれば「無限」そのものである。「それ道は、いまだ始めより封《かぎり》あらず」というのがそれであって、判断という人為を離れた真理の世界は、限定がなく、無限のものであるはずである。ありのままの自然の世界は、人為の限定を受けず、無限そのものでなければならない。しかし、あるいは「無限は有限に対立するものであるから、依然として相対的なものではないか」という疑問が起こるかもしれない。だが、それは誤解である。無限は有限に対立するものではなくて、有限をそのうちに包みこむものであるから。

このように万物斉同とは、相対差別という限定を離れて、みずからを無限者の立場におくことにほかならない。無限者の立場に身をおくとき、あらゆる有限なるもの、対立矛盾するすべてのものを、そのままに肯定し、あたたかく包みこむことができよう。「万物を尽《ことごと》く然りとし、是《ぜ》をもって相蘊《あいつつ》む」「物と春をなす」とは、このことをいったものである。

この万物斉同の立場は、いかにも常識からは遠いもののようにみえる。だが、必ずしもそうではない。宇宙船にのったアメリカの軍人はいろんな感想を述べたが、もし東洋人が宇宙船から小さな地球をながめたとすれば、きっとこの万物斉同の境地に近い感慨をもらしたであろう。荘子の時代には宇宙船がなかったから、そのかわり大鵬《たいほう》という巨大な鳥をつくり、九万里の高空を飛ばせた。そこから見る地上には、かげろうが上りたち、塵がたちこめ、さまざまな生物が息づいているはずなのに、すべてが青一色にみえる。人間の喜びも悲しみも、あるいは平和や戦争さえも、そこでは何の意味もない。すべては永遠の時間の流れのなかの一瞬にすぎず、ゼロにもひとしいものとなる。

このような心境に達した人間は西洋にもあったらしい。晩年のセザンヌがそれであった。セザンヌはいう。もしいま神さまがあらわれて、「この世界でお前の気にいらぬ部分があれば、手直しをしてやろう」といわれたなら、私はこう答えよう。「いいえ神さま、世界はいま現にある姿がいちばん美しゅうございます」と。このセザンヌの心境は、そのまま万物斉同の立場に通ずるものではなかったであろうか。

六　あらゆる対立差別の消滅――生死の同一

しかし、万物の斉同を説きながら、もし人間の生死の問題にふれなかったとすれば、それは画龍点睛《がりようてんせい》を欠くことになろう。いや、それどころか、そもそも荘子が万物斉同の説を唱えた最初からの目的は、この生死をひとしくすることにあったといってよい。

死は人間のまぬがれない運命である。運命とは何であろうか。それは人為によって変更することができない必然のことである。この人為の拒否という点だけについてみれば、必然と自然とは同じものである。ただ自然は人為によってゆがめられることもあるが、必然はそれを許さない。その意味では、必然は自然よりも強力なものである。しかし両者の違いは、ひっきょう強弱の程度の差でしかない。荘子は自然を強めて必然に同化させる。そこで自然は運命の同義語となるのである。

それでは運命の内容になるものは何であろうか。貧窮と栄達、汚辱と名声、病気と健康、などにはもちろんのこと、生まれつきの美人か不美人か、秀才か鈍才かなど、数えたてれば限りもない。すべてが対立の姿であらわれ、人間を悲喜哀歓させてやまないものである。だが、そのさまざまな運命のうちでも、生と死の対立ほど、人間にとって深刻な意味をもつものはあるまい。いかに運命に挑戦するなどと豪語するものでも、死の運命を前にしては、人間の無力さを思い知るほかはないであろう。死こそは人間を永遠の闇に誘うものであるからである。

だが、もし万物斉同の立場にたつことができれば、これらの貧富窮達、善悪美醜の対立は、跡形もなく消え去り、すべてはひとしく、すべてはあるがままにてよし、とする運命肯定の境地に達することができるはずである。生と死の対立もまた、その例外ではない。しかしそれは人間の運命のうちでも最も強力なものであるだけに、荘子も万物斉同の一語だけではすますことができず、いろいろな角度から生死のひとしいことを説いてやまない。

もともと人間は無から生まれたものである。死によって無に帰るのは、あたかも故郷に帰るのと同じではないか。自然の季節に春夏秋冬の循環があるように、人間の生死もまた自然の循環の一つにすぎない。もし生の世界が楽しいものだとすれば、死の世界もまた楽しかるべきはずである。それにもかかわらず、凡人が死の世界を恐れてやまないのは、まだ実際に死の世界を体験したことがないためである。むかし麗姫《りき》が晋《しん》王のもとに連れられてきたとき、始めはどうなることかと恐れて泣きわめいたが、さて王の室内にみちびかれ、すばらしい調度品や山海の珍味が待っているのを見ると、なぜあの時はあんなに泣き悲しんだのかと後悔したという。死の世界も、行ってみれば案外に楽しいのではないか。だいいち死の世界には暑さ寒さの苦しみもなく、君臣上下といった、うるさい人間関係もない。死んでしまえば何もわからなくなるというのは、極楽でなくて何であろうか。

死が恐ろしく、いとわしいのは、人間が生の立場から死を見ているからである。つまり相対差別の立場にあるからである。ひとたび万物斉同の境地に達することができれば、生も楽しく死もまた楽しくなるに相違ない。

荘子は死を恐れる常人の情を否定するために、いきおい死の世界の楽しさを説いてやまない。このため六朝時代には「荘子は生をいとい、死を楽しとする思想家だ」といった理解があったほどである。これにたいして晋の郭象《かくしょう》は「もしそうならば、それは万物斉同の思想に反する。そうではなく、生けるときは生に安んじ、死せるときは死に安んずる、というのが荘子の思想だ」と反論した。たしかにその通りである。荘子も「聖人は一切を失うことのない境地、一切の変化を自然のままに受ける境地に遊び、一切をそのままに肯定する。青春をよしとし、老年をよしとし、人生の始めをよしとし、人生の終わりをよしとする」といっているのである。

七　荘子の思想と禅および浄土

以上が『荘子』内篇の中心思想となっている万物斉同の説の概略である。そこにみられる運命肯定の思想は、荘子のものであると同時に、じつは中国民族のものであるといってよい。いかに厳しく長い冬の季節を迎えようとも、雪にうずもれて春の訪れを静かに待つ雑草のように、運命に耐える根強い生命力は、中国民族の特性ともいえるものである。清朝の末期に中国を訪れ、三十年間も農民と生活を共にしたアメリカの宣教師アーサー・H・スミスは「かれらのいう天命とは運命のことである。かれらは運命に従い、運命に耐える、すぐれた能力の持主である」「もし適者生存ということが歴史の教えであるとすれば、このような能力をもつ中国民族の将来は、実にすばらしいものがあるに相違ない」と予言した。この中国民族の天命観を、哲学的に表現したものが荘子の万物斉同の説であったといえよう。

ただ一つ、荘子は重大なことを言い忘れたようである。それは「どうすれば万物斉同の境地に達することができるか」という、具体的な方法の問題であった。荘子はいきなり万物斉同の境地から物を言っているのであって、そこに到達するための方法については何も述べていない。おそらく荘子は、差別の人為さえ放棄すれば、そのままに無差別の境地があらわれる、と簡単に考えていたのではないか。

それは荘子のような達人か、それとも老子のいう無知の農民のようなものであれば、あるいは可能であったかもしれない。なまじ知恵の実の味を知った凡人にとっては、万物斉同の理を「知る」ことは可能であるにしても、その境地に「なる」ことは至難のわざである。自然に帰れと簡単にいうけれども、すでに深く不自然に陥っている凡人にとっては、それはたいへんな努力を必要とすることなのである。自然になるためには、多くの努力という不自然を積み重ねなければならない。このことに荘子が気づかなかったとはいわないが、しかしきわめて不親切であったことは事実である。

この荘子の残した課題をとりあげ、その解決にあたったのは、道家の後継者よりも、むしろ仏教の禅宗であり、浄土教であったといってよい。禅と浄土は、中国仏教のうちでも特に中国的な色彩の強い仏教だといわれる。それは宋元明清の時代に残った仏教が禅と念仏だけに限られているという、歴史的な事実によっても証明されている。その場合、禅と浄土の「中国的」な要素とは何であるのか。ひとくちにいえば、それは荘子の思想である。禅と浄土は、インドの仏教に起源をもちながら、中国の荘子の哲学から深い影響を受けとった、いわば混血児の仏教である。この禅と浄土が解決しようとしたのは、荘子が言い忘れた「いかにして万物斉同の境地を実現することができるか」という、方法論の問題であり、実践の問題であった。

禅宗の場合は、自然になるためには無数の不自然を積み重ねなければならないことに気づいた。つまり自然の境地に達するためには、精進《しょうじん》努力という不自然が必要だというのである。行住坐臥《ぎょうじゅうざが》を仏法とし、坐禅を仏を行ずる道であるとするのは、この考え方のあらわれであろう。しかし、このような自力の道に絶望するところに浄土教が生まれた。人間の力は、しょせん微弱なものでしかない。その微弱な努力が、かえって自然の境地に達することの妨げとなる。弥陀《みだ》の常寂光土《じょうじゃっこうど》は——万物斉同の自然の境地は、ただそれへの思慕の念を強めることによってのみ得られる。「自然《じねん》は即ちこれ弥陀国なり」といった善導《ぜんどう》、自然法爾《じねんほうに》を説き「無上仏とまうすは、かたちもなくまします。かたちもましまさぬゆえに自然とはまうすなり」「かたちもましまさぬようをしらせむとて、はじめて弥陀仏とまうすとぞききならひて候。みだ仏は自然のようをしらせむれう（料）なり」と語った親鸞など、浄土教の極致を説いたものは、そのまま荘子の道に通ずることをしめしている。

ひるがえって荘子学派の内部についてみても、その後の展開に見るべきものが少なくはない。『荘子』の外篇・雑篇は、荘子の後学の手になるとみられるものであるが、ここでは自然を人間の内にある本性としてとらえ、自然の本性の充足を理想とするようになっている。また漢代の『淮南子《えなんじ》』や、六朝初期の郭象《かくしょう》は、それぞれに荘子の新解釈を行った。しかし唐宋以後になると、荘子思想の新たな展開は見られなくなり、かえって禅や浄土の仏教思想に消化吸収されてしまった観がある。

老荘思想と仏・道二教

一

道家（老荘）の思想と仏教・道教とが、過去の中国の社会において占めてきた分野についてみると、道家思想は主として知識層に、道教は主として大衆層に、そして仏教はそのいずれにもわたり、それぞれ支持されてきたといえよう。

このうち道家すなわち老荘は、神の存在を信ぜず、したがって祭祀《さいし》や祈禱《きとう》とは無縁であり、教団組織といったものはまったく持たなかったのであるから、本質的には哲学であり、宗教ではなかった。その意味では仏道二教とは次元を異にするものであったといえよう。

しかし道家は道教に理論的根拠を提供し、また外来の仏教が中国に土着するための媒介を提供し、中国的色彩の強い仏教を生むための地盤を提供したのであるから、その役割ははなはだ重要なものがあった。

いま、この三者の関係について概観することにする。

二

まず最初に老荘思想と道教の関係についてみよう。

老荘思想は西暦前三、四世紀に生まれたのに対して、道教ははるかに後れて西暦三、四世紀にその原型と見られるものが成立した。したがって両者の間には成立年代に六百年以上の開きがある。

しかし道教は古くからあった民間信仰や神仙説を集成したものであるから、その個々の構成要素を分解してみれば、その起源は遠く溯《さかのぼ》るともいえよう。問題は、これらの道教の構成要素がはたして老荘に見出されるかどうかということである。

まず道教の最も重要な構成要素である神仙説についてみよう。神仙説の発生は前三世紀頃と見られているから、ほぼ老荘思想の成立期に近いといえる。したがって老荘思想のうちに神仙説が採用されているか否かということが問題になる。

後世の道教は、神仙説の根拠を老子に求める。たとえば『老子』第五十九章の「人を治め、天に事《つか》うるは……是れを根を深くし柢《てい》を固くすと謂《い》う。長生久視の道なり」などが、その一例となる。しかし老子はこの場合、処世の道を説いているのであってそれが個人の保身安全にもつながることを主張したものであり、これを神仙説の不老長生に結びつけるのは早計である。

むろん老子も長生を拒否するものではない。むしろこれを望ましいものとしていた。しかし神仙説のように長生を種々の人為的手段によって得ようとすることに対しては、無為自然という根本的立場からいって反対であった。「それ唯、生を以て為す無き者は、是れ生を貴ぶより賢《まさ》れり」（第七十五章）とあるのが、その明証である。「生を以て為す」とは、神仙術のように服薬や調息などによって人為的に生命を延長しようとするものを指す。このような人為的手段を用いることなく、無為自然のままに生きることが、かえって「生を貴ぶ」すなわち生命を大切にして人為的手段を弄する立場より優れており、結果において長生を得ることにつながるというのである。

この場合、長生は無為自然の結果として生まれるのであって、長生を得るために無為自然を守るわけではない。いいかえれば長生は結果であって、目的ではないのである。

このように老子は長生を目的とする人為的手段を排するのであるが、不死といったことについては、これを根本的に否定する立場にある。「天地すらなお久しきこと能《あた》わず。而《しか》も況《いわ》んや人においてをや」（第二十三章）。老子が長生不死を目的とする神仙術の立場と相容れないことは明らかであろう。

それでは荘子の場合はどうであるか。『荘子』の逍遥遊篇《しょうようゆうへん》には「藐姑射《はこや》の山に神人の居るあり。肌膚《きふ》は氷雪のごとく、淖約《しゃくやく》として処子のごとし。五穀を食わず、風を吸い、露を飲む。雲気に乗り、飛龍に御して、四海の外に遊ぶ」とあり、また天地篇には「千歳、世を厭えば、去りて上僊し、彼の白雲に乗じて、帝郷に至らん」とある。

これだけを見ると、いかにも荘子は神仙説の信奉者であるかのように思われる。事実また、荘子の時代には神仙説を唱える者がすでに現われていたのであろう。しかも仙人になるために、「五穀を食わず」すなわち辟穀《へきこく》の法が行われていたことを物語っている。

しかし、荘子が神仙説の存在を知っていたことは事実であるにしても、これを信奉していたか否かは別の問題である。後に述べるように、荘子の無為自然の立場は、老子と同様に、神仙説とは相容れないものなのである。

その相容れないはずの荘子が、なぜこのような神仙説を引いたのか。荘子の書に寓言が多いことには定評がある。同じ逍遥遊篇にも、一切にとらわれない自在の境地を表現して、「無何有《むかゆう》の郷、広漠の野」に逍遥することを述べた文章がある。神人のすむ藐姑射の山も、その実在を信じていたのではなくて、単に彼の空想を楽しむために用いた手段であり、「無何有の郷」として利用したに止まるものと見られる。

また荘子の当時には、後の神仙説・道教で重んぜられる呼吸法や導引などの養生法を実行していた人々があった。「吹呴《すいく》呼吸し、吐故納新《とこのうしん》、熊経鳥申《ゆうけいちょうしん》は、寿の為にするのみ。これ道引の士、形を養うの人、彭祖《ほうそ》寿考の者の好む所なり」（刻意《こくい》篇）とあるのがそれである。これに対する荘子の批評は「道引せずして寿なるは、忘れざる無きなり。有せざる無きなり。……これ天地の道、聖人の徳なり」というのである。これはさきの老子の立場とまったく同一であって、その無為自然の立場からすれば、人為的に寿命を延長しようとする神仙説は是認することができなかったのである。

それにもまして荘子と神仙説とが相容れない有力な理由がある。それは荘子の核心が万物斉同の説にあることである。荘子によれば万物に差別を設けるのは人為の知識によるものであり、自然の世界では、あらゆる相対や差別がなく、すべてが平等であるという。この万物斉同の立場からすれば、生を喜び死を憎むのは誤りであり、死生を斉《ひと》しくするのが達人の境地であるという。

この荘子の死生を斉しくするという説ほど、神仙説ないし道教の立場との相違を明確に示すものはない。このことは道教の根本理論を最初に構成したとされる葛洪《かっこう》（二八三頃〜三四三頃）もよく理解していた。その書の『抱朴子《ほうぼくし》』は老子を神仙説の開祖として尊重するにもかかわらず、荘子の書は神仙説を否定するものであり、読むに足らないと強調する。

その釈滞篇《しゃくたいへん》にいう。荘子の書は「死生を斉しくし、異なること無しと謂う。存活を以て徭役《ようえき》となし、殂歿《そぼつ》を以て休息となす。その神仙を去ること已に千億里なり。あに耽玩《たんがん》するに足らんや」。また、その勤求篇《きんきゅうへん》には「死生を斉しくすなどという人間に限って、少し病気にかかると鍼《はり》や灸《きゅう》などと騒ぎたて、ひどく死を恐れるものだ」と皮肉を述べている。

後世の道教では、老子はもちろん荘子まで真人《しんじん》として崇めるようになったが、両人にとっては迷惑至極のことに違いない。

三

紀元前二世紀の初めに秦が滅び、漢がこれに代わったが、その前漢初期の六、七十年間は、秦の統制政策への反動もあって、自由放任の政策が採用された。道家はその無為自然の立場から、政治的には自由放任の方向を採る。したがって、この時期は道家思想が全盛を極めた。

ただし、この時期の道家は、老荘とは言わず、「黄老《こうろう》」とよばれた。黄老とは黄帝と老子という意味である。黄帝は伝説の帝王の名であるが、道家を権威づけるために、老子よりもさらに古い黄帝を担《かつ》ぎ出したものと思われる。その黄帝説の内容は、自由放任を説く老子の説と、統制を重んずる法家の説とを折衷《せっちゅう》したものであった。この折衷説が前漢初期の現実に最も適したものであったと思われる。

ところが後漢に入ると、従来は政治的な内容をもっていた「黄老」の語が、神仙説を意味する語として用いられるようになった。これは前漢の武帝が儒教一尊の政策を採ったため、自由放任を主張する黄老説の勢力が衰えたことと、いま一つは武帝に寵《ちょう》愛《あい》された方士《ほうし》たちが神仙説の開祖として「黄帝」を持ち出したことに原因すると考えられる。このため黄帝と結びつけていた老子にも神仙色が強くなり、その結果、黄老が神仙を意味するようになったのであろう。

この黄老説は後に道教の母胎となるが、老子が道教の開祖格の取扱いを受ける最初の端緒は、この頃にあったと見ることができる。

この神仙説を内容とする黄老説は、後漢二百年を通じて行われたが、その技術である仙薬を作るための金丹術《きんたんじゅつ》、また健康を増進するための導引・調息・辟穀などの方術は、それぞれ個々に行われるだけで、まだ神仙術としての統一はなかった。また老子や黄帝の祭祀はあったものの、一つの教団組織があるわけではなかった。

ところが後漢末（二世紀末）に、いわゆる五斗米道《ごとべいどう》（天師道）の反乱がおこると、これが契機になって神仙道が宗教組織をもつ道教に脱皮する端緒が開かれた。

この五斗米道は一種の新興宗教であり、天地水の神々を祭り、病気の信者に符水（神のお札と水）を飲ませるなど、シャーマニズム色の強い民間信仰を中核としている。しかし他面では、信者に『老子』五千文の読誦を課しているところから見れば、明らかに黄老説の伝統を受けていることがわかる。

もっとも五斗米道は、救貧治病を主目的とし、長生不死についてはまったく言及しておらず、したがって辟穀・導引・調息・金丹といった方術も現われていない。この点、道教の初期形態としてははなはだ不完全であるといえる。しかし五斗米道は戦乱に苦しむ貧民の要望に答えて生まれた宗教であり、不老不死といった贅沢な欲望を満足させる暇がなかったのであるから、これは当然の結果であろう。ただ社会がある程度の安定を得、教団もその組織を確立するようになれば、しだいにその本来の伝統たる黄老説・神仙説の構成要素を取り入れるようになったものと見られる。したがって五斗米道は、これを宗教としての道教の原型であるといって差支えがないであろう。

四

転じて仏教と老荘思想・道教との関係についてみよう。

西域から仏教が中国に伝えられたのは、普通に後漢の初期、一世紀の半ばからといわれている。その後漢初の明帝の弟、楚王英は「黄老の言を誦し、浮屠《ふと》（仏陀）の仁《じん》祠《し》を尚《とうと》ぶ」といわれ、それより百年後の桓《かん》帝は「宮中に黄老と浮屠の祠を立てた」といわれている。当時は仏教の性格がまだよく理解されず、黄老の教に似たものと考えられていたのである。したがって後漢時代には、道教の前身である黄老説を通じて、まず受容されたことになる。

しかし後漢が滅び、六朝時代の東晋になると、仏教は知識人の間に本格的に理解されるようになった。そしてこの時期には、仏教は黄老説から離れて、今度は老荘思想に結びつけて理解されるようになる。

大乗仏教の根本義とされる『般若経《はんにゃきょう》』の空は、老荘の無と、一脈相通ずるものがある。六朝は老荘思想の全盛期であったから、一般の知識人はもちろんのこと、僧侶もまた老荘の無を熟知していた。したがって初期の仏教理解が老荘思想を通じて行われたのは当然の成り行きであった。このように老荘を通じて理解された仏教を、格義《かくぎ》仏教という。

この格義仏教は東晋百年間を通じて盛行したが、これによる仏教の空義解釈もさまざまに現われ、南朝宋の曇済《どんさい》の『六家七宗論』によれば、当時の空義解釈には六種ないし七種の別があったという。今そのうちの代表的なものとして、心無義・即色義・本無義の三者について見ることにしたい。

(1)　心無義　この説の主要な支持者は、支敏度・道恒・竺法温《じくほうおん》である。この三人の著論はいずれも伝えられず、他書に紹介または批判された部分のみが残っている程度であるから、その全容を正確に捉えることは困難である。その説くところは論者によって多少の相違はあるが、その方向においては一致するものがある。

その立場を一言にしていえば、たとえ万有は実在するにしても、これを見る人間の心を虚無にすれば、万有に対する執着がなくなる。執着がなくなれば、たとえ万物は存在しても、無いに等しいものとなる。これが空であるというのである。

この心無義を批判した隋の吉蔵《きちぞう》の『二《に》諦義《たいぎ》』は「心を空《くう》にするも、色《しき》を空とせず」といい、また同じく『中論疏《ちゅうろんしょ》』には「外物を空とせず、即ち外物の境は空ならず」と述べている。つまり心無義は、心さえ無にすれば、外物はあっても無に等しい、というのであるから、実は外物の存在を認めていることになる。仏教の空はこれと異なり、心と物との双方の実在を否定するものだというのである。

この心無義を老荘と比較してみると、なるほど老荘には「虚心」という語はあるが、これは心を虚しくして万有をそのままに受け容れるという意味である。心無義のように、心を虚無にすれば外物を受け容れなくなり、したがって外物は存在しても無いに等しくなるというのとは、むしろ逆の意味である。もし心無義が老荘をこのように解釈していたとすれば、それは老荘の無をも誤解していたことになるであろう。

(2)　即色義　この説の主唱者である支遁《しとん》には『即色遊玄論』があったというが、今は佚《いつ》して伝わらない。わずかにその片鱗が他書に引用されているにすぎないので、その全容を正確に捉えることは困難である。いまその断片に示された考え方を、補いつつ述べれば次のようになるであろう。

色すなわち現象は、因縁によって生じたものであり、自性《じしょう》を持たないものである。自性を持たないという意味では、それはそのまま空である（即色是空）。しかし因縁によって生じた色は、たとえ仮有《けう》であるにしても、そこに有る限り、やはり空とは異なったものである（色復異空）。つまり色は本質的には空であるが、現象としてそこにある限り、空に対して或る程度の独立性を持つのである。もしこの解釈が誤っていないとすれば、彼の「即色遊玄」の立場を、次のように理解することができよう。色すなわち現象は、自性を持たないものであるが、しかし現象として眼前にある限り、それ自体は空であるにしても、やはり空とは異なったものであるはずである。現実の人間は、何としても仮有の色の世界を離れることができないのであるから、この仮有の色の世界に即しながら、しだいに空の世界に近づくようにすればよい。これが支遁の即色遊玄の立場ではなかったであろうか。

もともと支遁は才気縦横の人物で、当時の貴族の清談界における花形であり、僧としては破格の人間味の持主であった。時には馬や鶴を飼って楽しんだり、喪中の人を訪ねて激談するなど、俗事を厳しく退けるようなことはなかった。その意味では、世俗に即しながら空玄の世界に遊ぶという思想は、その人柄にふさわしいものであったといえよう。

支遁は『荘子』の逍遥遊篇に新解釈を施したので有名であるが、彼の即色遊玄論は、荘子の逍遥遊の境地に近いものがあった。

(3)　本無義　空の老荘的解釈のうちで最も有力であったのは本無義である。その代表的なものは道安・竺法汰《じくほうた》などである。

いま道安の本無義についてみよう。隋の吉蔵の『中論疏』によると、その内容は「無は万化《ばんか》の前にあり、空は衆形の始めなり。それ人の滞る所は、滞ること末有にあり。もし本無《ほんむ》に託すれば、則ち異想たちまち息《や》む。安公の本無とは、一切諸法は本性空寂なり、故に本無という」とある。

これは一見して『老子』第四十章の「天下の万物は有より生じ、有は無より生ず」と密接な関係がある。魏の王弼《おうひつ》の『老子注』には「有の始まる所は、無を以て本と為す」とあり、本無の語はここに出典をもつと見られる。ただ本という語には二つの意味があり、その一は「時間的に先行する」という意味、その二は本末というように「価値的に優先するもの」という意味である。老子の場合は、無を時間的に有に先行するものとして捉えているが、道安の場合は、本性空寂なりといっているのであるから、時間的先行よりも、末有に対する価値的な優位に重点がおかれている。いいかえれば本無は真実であり、末有は虚仮《きょか》なのである。

道安は格義仏教、老荘的仏教に疑問を感じ、できうる限り本来の仏教の姿を捉えようと努力したといわれるが、しかしそれには限界があった。仏教の教義、特にその空義を本格的に理解するためには、やはり鳩摩羅什《くまらじゅう》による訳経の出現を待たなければならなかった。

というのは羅什以前の漢訳経典は、その訳語として老荘の語を用いたものが多かったからである。たとえば三国呉の支謙訳『道行般若経』の本無品には「一切皆本無、亦復本無。等無異於真法中本無。諸法本無、無過去当来現在。如来亦爾、是為真無」とあり、同じく呉の康僧会《こうそうえ》訳の『六度集経《ろくどじっきょう》』の察微王経には「深覩人原始、自本無生」といった類である。つまり経典の漢訳文そのものが、すでに老荘的であり、格義的なのである。これを依拠とした解釈が格義的になるのは当然のことであった。（なお空義については、後出の「中国における空の思想」参照）

五

西暦四〇一年に羅什が長安に到着し、大規模の訳経事業を始めてから、老荘的・格義的な仏教はしだいに後退し、仏教の本格的な理解が普及するようになった。これによって初期仏教の理解に貢献し、ないしは累《るい》を及ぼした老荘思想の役割は完了したかといえば、それはけっしてそうではない。老荘思想はその後も仏教に対する働きかけを続け、仏教の中国化を推進し、ついには最も中国色の豊かな禅宗を成立させることになった。

禅宗の根本的な特色は、文字言語を媒介とした理論を退け、真理の体験的直観を重んずるところにある。これは、いわば中国人の体質に根ざす本性的な傾向であるが、その意識的な表現は道家、特に荘子において見ることができる。いま禅宗の歴史的な展開にふれることを避け、そのきわめて早い時期に現われた先駆者、竺道生《じくどうしょう》について一言しておきたい。

竺道生は「一闡提《いっせんだい》成仏説」によって特に有名になったが、その「頓悟《とんご》説」もこれに劣らぬ独創性によって知られている。彼は始め本無義を唱えた竺法汰について学んだが、のち長安に至り鳩摩羅什の門下に入った。

その頓悟説の根拠となるものは、これを分けて二とすることができる。その一は、理というものは根本的に一であり、それが現象となってあらわれる場合に多となる(宋学・朱子学の理《り》一分殊《いっぷんしゅ》の語が、すでに道生によって用いられていることに注意)。真理はあくまでも一であるから、これを分割することはできない。その二、したがって真理を分析し、分解して捉えようとする悟性的認識の方法、言語文字による理解は、一なる真理を捉えることはできない。この二つである。したがって一なる真理の全体性を損《そこな》わず、これをそのままに把握する道としては、唯一つ体験的な直観があるのみである。

ところで、言語文字による論理的理解と、体験的直観との違いは、前者が論理を積み重ねて漸次《ぜんじ》に真理に近づこうとするのに対して、後者が一挙に真理を把握しようとする点にある。いいかえれば前者は漸悟《ぜんご》の立場であるのに対して、後者は頓悟《とんご》の立場である。道生が頓悟説の首唱者とされる所以《ゆえん》はここにある。

この道生の言語文字の否定の立場は、その『法華経疏』に「それ未だ理を見ざるの時は、必ず言津を待つも、既に理を見れば何ぞ言を用いるを為さんや。それなお筌蹄《せんてい》以て魚兎を求むるがごとし。魚兎すでに獲らるれば、筌蹄は何《いず》れにか施さん」とあるが、この筌蹄の語は荘子に見えるものである。後世の禅宗も、その不立文字《ふりゅうもんじ》を主張するために、この筌蹄の語を愛用する。この語だけに限らず、禅の語録にはしばしば荘子の用語があらわれる。それが荘子の思想と密接不可分の関係にあることを示すものである。

六

再び老荘思想と道教の関係についてみよう。

五斗米道（天師道）は、北魏の太武帝の排仏（四四六年）を契機として、帝《みかど》より国教としての地位をあたえられ、ここに始めて支配層と結びつく機会に恵まれた。しかしそれも太武帝在世の七年間に限られ、その死後はふたたび仏教優位の旧態に帰った。ただこの機会に道教の教団組織が一応の整備を整えたことは見逃せない事実である。

この排仏事件より百余年の後、再び北周の武帝の排仏があった（五七四年）。ただし、この時は道教も排斥されたのであるから、厳密な意味では宗教排斥というべきである。その原因は、僧尼や道士の氾濫《はんらん》が国家財政に危険をもたらすことにあり、むしろ政治的見地から出たものといってよい。ただ、この事件の直前に武帝が宮中席次を定めたとき「儒教を先となし、道教これに次ぎ、仏教は後となす」としたのは、道教が仏教に優先することを公示するとともに、「道教」という名称が確定したという点で注目すべきものがある。これより先は、道教という語は「宗教」といった広い意味に用いられることが多く、仏教を道教とよんだ例も少なくなかった。

このように六朝時代を通じて道教は仏教に比して、支配層に支持される機会に恵まれなかったが、唐代に入るとともに情勢に変化が生じた。それは唐の王室の姓が李氏であり、老子と同姓であるというところから、これを王室の祖先として祭るようになったことである。もともと六朝以来、門閥貴族の伝統が強く、たとえ天子になっても名門の出身でなければ、心からの尊敬を受けられない風潮があったから、唐の王室も老子に結びつけることによって家格を高めようとする意図を持ったものと見られる。

ただ高祖から太宗・高宗・則天武后《そくてんぶこう》までの天子は、老子を祖先神として崇《あが》めはしたものの、それが全面的な道教支持とは必ずしも結びつかなかった。ところが玄宗は、上清派第十二代の宗師の司馬承禎《しばしようてい》から、仏教の受戒にあたる法籙《ほうろく》を受けたという。玄宗朝に入って、道士の社会的地位が著しく向上したことは事実である。

この段階になると、道教も従来のような俗信を主体としたような教義に改革を加え、少なくとも仏教の水準に引き上げる必要に迫られた。もちろん、六朝以来、道教は絶えず仏教の教義を換骨奪胎して自家に取り容れてきたのであるが、まだそれは甚だ不十分なものであった。司馬承禎に至っては、当時新興の機運が漲《みなぎ》っていた禅宗の坐禅を採用し、これを荘子の「坐忘《ざぼう》」に結びつけ、道教の中核の地位におこうとした。いま司馬承禎の主張についてみよう。

『旧唐書《くとうじょ》』の伝によると、司馬承禎は初め潘師正《はんしせい》に学んで道術を受けた。のち天台山に住んでいたが、則天武后の招きを受けて京師に行き、その賛美を受けたことがあった。武后のあとを受けた睿《えい》宗のとき、また招きを受けて宮中に入った。帝が陰陽術数のことを問うたところ、承禎は、「道教の本旨は、これを損して又損し、以て無為に至ることにある。陰陽術数のような異端の知識をもつことは、その知慮を増すことになり、無為に反することになる」と答えた。そこで帝が「なるほど無為は個人の身を治める道としてはよいが、しかし国家を治める道としては如何なものであろうか」とたずねると、承禎は「国家と個人とで変わりはない。老子は、心を淡に遊ばせ、気を漠に合し、物の自然に順《したが》いて私なければ、すなわち天下治まる、といっている。また易には、聖人は天地と其の徳を合す、という。これによって、天は言わずして信あり、無為に成るものであることがわかる。無為ということは、そのまま治国の道である」と答えた。帝は感嘆久しくしたという。承禎は固辞して天台山に帰ったが、朝臣の送別の詩を贈るもの百余人に及んだ。

　この司馬承禎が帝に答えた言語を見ると、純然たる老子の思想に儒家的色彩を加味したものであり、道教の思想はいささかも見られないばかりでなく、むしろこれを否定しかねまじい気味がある。これは同時代の道士である呉筠《ごいん》にも見られる。呉筠は玄宗に乞われて翰林待詔《かんりんたいしょう》となったが、帝が道法について問うたところ、呉筠は「道法の精なるものは、老子五千言に及ぶものはない。それ以外の諸書は、いたずらに枝葉の語を連ねるだけで、紙の浪費にすぎない」と答えた。また神仙修錬のことを問うと、

「これは野人の事とするものであり、また年月をかけて行うべきことである。人君の好んでなすべきことではない」と答えた。また平常の奏事においても、専《もっぱ》ら名教世務のことに限られていた。玄宗は深くこれを重んじた。

この司馬承禎の言といい、呉筠のそれといい、いずれもその真意を測りかねるほどの意外の感をあたえずにはおかない。道教の生命ともいえる神仙修錬の法を軽視して、老子の無為の政治に最高の価値をおこうとするものである。おそらく道教が為政者層の心をひくためには、道教の低次の理論は役立たないことを知り、これを高度の水準に引き上げる必要を感じたためではないか。司馬承禎が禅宗の坐禅を取り入れたのも、このような動機によると見られる。

さて司馬承禎の『坐忘論』についてみよう。

坐忘という語は『荘子』に見えるものであるが、これが禅宗の坐禅に通ずるところがあるところから、承禎はこれを道教の重要な修行法として採用したわけである。

それでは坐忘とはどういうことであるか。荘子も「肢体を堕《お》とし、聡明を退け、形を離れ、知を去り、大通に同ず。これを坐忘という」というように、内はその一身を覚えず、外は宇宙を知らず、道と冥一し、万慮みな忘ることをいうのである。

この坐忘を実行するためには、七つの心得が必要である。まず第一は「信敬」という態度である。坐忘ということは、卑近なことのように聞えるので、これを聞いても信じない者がある。これでは宝の持ち腐れになるから、まず坐忘の優れた方法であることを信じ、敬うことが必要である。

第二は「断縁」である。断縁とは俗事との縁を断つことをさす。俗事とは主として人づきあいを意味する。荘子が「将《おく》らず迎えず」といったのは、交俗の情を無くすことをいったものである。俗事に遠ざかるほど、道に近づき、心は神聖となる。

第三は「収心」である。収心とは安坐して心を散乱させず、境を離れて無所有に住することである。一物に著せず、自ら虚無に入り、やがて道に合する。道と冥合し、安んじて道の中にあることを、名づけて根に帰すという。だから『老子』にも「それ物の芸芸《うんうん》たる、各《おのおの》その根に帰す。根に帰するを静といい、静を復命という」とある。

第四は「簡事」である。簡事とは修道の人にとって不必要なものを去り、重要なことだけを残すことである。荘子も「生の情に達する者は、生の無き所に務めず」というのは、このことをさす。衣食や名位と、道とを取り易《とりか》えることがあってはならない。

第五は「真観」である。真観とは吉凶禍福の因《よ》って来たる所を明らかにし、生を全うすることに務めることをいう。衣食は修道の人にとっても必要なものであるが、不必要な衣食を求めて心を煩《わずら》わすことがあってはならない。色欲に至っては、経にも「色とは全く是れ想のみ。想は悉《ことごと》く是れ空なり。何ぞ色あらん」という通りである。色が人を惑わすのは、狐が人を惑わすのとまったく同じで、色欲の虜となれば、死しては地獄に堕ち、福への道は永く断たれるであろう。また老病によって気力が衰微するのはあたかも家屋が老朽して居住に耐えなくなったのと同様であり、そうなれば別の所に安住を求むべきである。もしいたずらに生を恋い死を悪《にく》み、変化を拒違《きょい》するならば、神識《こころ》は錯乱し、自ら正業を失うことになる。このような状態に生を託すならば、気を受けるの際には、清秀の気に感ぜず、濁辱の気に逢うことになろう。生に当たっても悦ぶこともなく、死に順《したが》って悪むことがないという心境にあるべきである。それは一には生死が理として斉《ひと》しいからであり、二は後身の成業のためである。

第六は「泰定」である。泰定は荘子の「宇泰《こころおお》いに定まれば、則ち天光を発す」から出た語であるが、宇は心、天光は慧のことである。自然に人心にそなわった慧であるために、これを天光という。それは人為的に増した慧とは異なる。人為の慧は、たとえ道を知ることはできても、道を得ることはできない。だからこのような智はあっても用いず、その恬《てん》に安んじ、養うてこれを久しくすれば、自ら道徳を完成するに至る。これが泰定である。

第七は「得道」である。得道とは、その精神が道と合一することをいう。しかし精神だけで、身体が道に合一しないのは、まだ最高の得道ではない。虚心の道が深いものは、その道が兼ねて身体にまで及ぶが、浅ければ唯その心に及ぶだけである。身体にまで及んだ者を神人とよぶのである。心に及ぶだけの者は、ただ慧《え》覚《かく》を得るのみで、身体は代謝することを免れない。というのは慧は心の働きであるから、あまり働かせると身体が疲労し、生の早終を招くからである。経に「尸《し》解《かい》」というのは、このことを指している。これに対して身心ともに道に冥合する者は、一身を散じて万法となし、万法を混じて一身となすのである。天と心を同じくしてしかも知なく、道と身を同じくしてしかも体がないという境地に達して、はじめて大道盛んなりといえる。

以上がその『坐忘論』の大要である。

この『坐忘論』を通観して感じられることは、全体として老荘色が強く、道教特有の長命延寿の色彩が稀薄なことである。もっとも第七の「得道」では、精神が道と冥合するだけでは不十分であるとし、肉体もまた道との冥合を必要とすることを説き、神仙術的な傾向の名残りをとどめているが、それも現実の身体がそのままの形を保存するというのではなく、一身を散じて万法となし、万法を混じて一身となすという、きわめて抽象的なかたちでの存続を認めているにすぎない。

また第五の真観では、仏教の輪廻転生《りんねてんしょう》を思わせるような語句が見えており、仏教思想の影響があることも認められる。

もともと坐忘という語は『荘子』に一回見えるだけであり、荘子がこれを重要な修行法としていたとは考え難いものがある。無為自然に忠実な荘子は、修行といった人為的な努力を必要とするものとは無縁であったと思われる。

ところが司馬承禎の頃になると、道教が上層階級に結びつく機運が生じてきたから、その教義内容の水準を高めることが必要になった。このため唐の中期頃から有力になった禅宗の坐禅に近いものとして、荘子の坐忘の語が採用されたのであろう。白楽天の睡起晏坐詩に「行禅と坐忘とは、同帰にして異路なし」とあるのは、この『坐忘論』が広く読まれたことを暗示している。

七

司馬承禎の『坐忘論』は、老荘思想を媒介として道教が禅宗に結びついた最初の例として重要な意味をもつが、しかしそれはまだおそらく特殊な例で、道教一般の風潮ではなかったように思われる。ところが、この司馬承禎より約四百年の後、十二世紀に入って金朝が南宋と対立する頃になり、いくつかの新道教が生まれた。その新道教のうち最も有力で、かつ後世まで残ったものが全真教《ぜんしんきょう》であった。この全真教は、仏教、とくに禅宗の教義を大幅に採用したことで知られている。

このように全真教が仏教色を強くした原因の一つは、当時に三教一致の思想が広く行われていたことにある。儒仏道三教一致の思想は、すでに唐代にも現れているが、宋代に入ってそれが一層盛んになった。全真教はこの風潮を背景とすると同時に、仏教的要素を導入することによって道教の革新を図ったのである。

全真教の開祖の王重陽（一一一三〜一一七〇）は、信者に『般若心経』『老子道徳経』『孝経』と、道教特有の『太上老君説常清浄妙経《たいじょうろうくんせつじょうせいじょうみょうきょう》』を根本聖典として読ませたことからもわかるように、儒仏道三教調和の立場にあった。

また王重陽は、従来の道教が最も重んじた金丹・符水・辟穀・導引などの呪術的要素をことごとく退けた。この点では全真教は旧道教を否定しかねまじい革新性を示した。ただ王重陽は除災招福の斎醮《さいしょう》については黙殺したものの、その後継者たちは盛んにこれを行った。もしこれがなければ、全真教は民衆との結びつきを完全に絶たれたかも知れない。

これらの呪術的要素に代わって、王重陽が導入したのは禅宗の思想および修行法であった。

まず不立文字(ふりゅうもんじ)がある。魚を得て筌(せん)を忘るというのは荘子の思想であるが、これが禅宗の不立文字となって現れたことは前述の通りである。全真教もこの荘子ないし禅宗の思想をそのまま採用した。

第二は打坐《たざ》である。さきの唐の司馬承禎が荘子の坐忘を禅の打坐に代わるものとして採用したが、王重陽は禅の用語そのままに打坐とよび、これを道士の修行法の重要なものとした。この打坐の伝統は現代の全真教にも伝えられてきた。北京白雲観の道士は、たとえ形式化しているとはいえ、打坐を実行していた。

第三は、打坐の目的とする見性《けんしょう》である。もともと性の善悪の問題は孟子以来盛んに論ぜられ、宋学・朱子学においても理気心性の問題を重視するなど長い伝統をもつが、老荘思想、特に荘子の外篇・雑篇より以来、性情《せいじょう》ないし性命《せいめい》の思想は重要な位置を占めてきた。また六朝以後は、仏教でも仏性が問題にされ、むろん禅宗ではそれが思想の中心となった。王重陽の全真教ではこれを受けて見性を打坐の目的としたのである。

このように見ると、全真教は道教というよりも、実質的には禅宗に近いといっても過言ではない。これによって呪術性が強かった旧道教から脱皮して、清新の気風をそなえた新道教が成立した。

当時、華北の地は宋・金・元の三者の争覇戦に捲きこまれ、しかもそれが長期にわたっていたから、この地に住む民衆の生活は疲弊の極にあった。あたかもこのとき、清新の気風をもち、厳重な戒律を守る道士の一団が現れて、福音を伝えたのであるから、全真教が民衆の熱烈な歓迎を受けたのは当然であろう。

それに全真教にとって幸いなことは、金および元の王室に認められて、その支持を獲得したことである。このため全真教は全土を風靡《ふうび》するほどの隆盛を極めるようになった。

しかし全真教が道教色を稀薄にして禅宗に近づいたことは、やがて全真教が民衆との結びつきを弱める結果を招くことになった。というのは、打坐や見性は無知の民衆とは縁の遠いものであり、大衆性を欠くものであったからである。中国の禅宗は宋元以後の仏教界を独占するかたちになったとはいえ、いわゆる禅浄双修であり、民衆との接触面では専ら念仏によっているのが実情であった。全真教も除災招福の斎醮《さいしょう》を残していたとはいえ、それだけでは不十分の憾《うら》みがあった。このため元代以後の全真教は再び呪術的要素を恢復《かいふく》する傾向を強め、旧道教と変わるところのないものになって行った。

明以後は宗教衰退の時代に入り、仏教とともに道教も惰性的に存続するのみで、新しい展開はついに見られなかった。

しかし、たとえ一時的にせよ全真教が禅宗の刺激によって革新を果たしたことは、道教史にとっても目覚ましい事実であったといわなければならない。そして禅宗の体質のうちには老荘思想が濃厚に含まれていることを思えば、全真教もまたこれを老荘思想の系譜のうちに入れることができよう。

道教の発生と展開

道教とよばれる宗教体系が、一応の骨格を備えるのは、後漢末の張角の太平道、および三張の五斗米道からと見るのが普通である。しかし、そこに至るまでには、巫祝《ふしゅく》の祭祀《さいし》・養生《ようじょう》術《じゅつ》・錬金術などが、それぞれ別個に独自の起源と展開を遂げてきたのであって、それが太平道や五斗米道などによって結合され、総合されたと見ることができる。ここでは主として太平道や五斗米道の生まれる以前の、いわば道教の前史というべきものについて、いささか考察してみることにしたい。

一　道教という用語のもつ歴史

今日、中国の民間信仰の要素を含んだ思想を、一括して道教とよぶ風習があるが、むろんこれは学問的な厳密性を欠いた用法である。道教という語は、もともと「道についての教え」という普通名詞として用いられたものであり、現代風にいえば「宗教」に相当する語であった。したがって古くは儒教や仏教のことを道教とよぶことは決して珍しくはなく、むしろそれが普通であった。今日のいわゆる道教に相当するものは、「神仙」「黄老」などとよばれていたのである。

それが逆転して、今日のいわゆる道教を意味するようになるのは、中国の歴史からいえば比較的新しい時代、すなわち六朝末期、六世紀の後半に入ってからのことである。いまその経過を簡単に述べてみよう。

道教という語が中国の文献に見える最初の例は、『墨子』非儒篇にある。墨子の生卒年代は明確ではないが、孔子の没後に間もなく生まれたと見られるから、およそ前四六〇年から前三七〇年頃、戦国時代の初期の人と考えられる。この非儒篇では、儒家の天命思想に宿命説の要素があるとし、非難攻撃を加えているが、その中に次のような意味の一文がある。

人間には宿命があるということを強く主張する者がある。その議論によると、長命や短命、貧や富、国家の安危治乱には、あらかじめ天命があるという。（中略）そして儒者は、このような思想をその道教としている。これは天下の人びとに害をあたえるものである。(1)

この場合の「道教」は「道についての教え」という普通名詞として用いられ、具体的には儒教をさしていることがわかる。

さらに後漢末ないしは六朝初期（三、四世紀）の成立と見られる牟子《ぼうし》の『理惑論』にも「孔子は五経を以って道教となす」とあり、墨子いらいの用法に従っている。

また「道教」を仏教を意味する語として用いた例もある。道教が「道についての教え」ないしは「宗教」を意味する普通名詞であるとすれば、このような用例があったとしても不思議ではない。

その最も早い用例としては、魏訳『無量寿経』がある。それが三国魏の訳であるか否かは問題であるにしても、少なくとも六朝初期の著作であることは確かであろう。この書には「道教」の語が二度用いられている。

世に出興し、道教を光闡《こうせん》する所以は、群萌を拯《すく》い、恵むに真実の利を以てせんと欲すればなり。

広く道教を宣《の》べ、妙法を演暢《えんちょう》するに、歓喜し心解《しんかい》して道を得ざるはなし。

この「道教」が仏教をさしていることは、論ずるまでもないことであろう。同じ用法は『魏書』釈老志にも見られる。北魏太武帝の排仏事件のあとを受け、四五二年に帝位に即《つ》いた高宗文成帝は、ふたたび仏教保護の政策に帰ったが、そのときの詔《みことのり》に次のような句がある。

その道法を好楽し、沙門《しゃもん》とならんと欲するものは、(中略)その出家を聴さん。(中略)皆以って悪を化して善に就き、道教を播揚《はよう》するに足らん。

ここに見える「道法」が「仏法」を、「道教」が「仏教」を意味していることは明らかである。

ただ、この頃になると、「道法」や「道教」が、今日のいわゆる道教の称呼として固定化しようとする傾向も見え始めてくる。さきの北魏の高宗文成帝の詔は、もちろん北朝の例であるが、ほぼ同時代の南朝宋には、次のような用例がある。

道法は吾我を以って真実と為す。故に服食して以って生を養う(『弘明集』巻六、宋謝鎮之「与顧道士書」)。

道法は則ち芝英《しえい》（れいし）を採餌し、霞を食し丹を服し、太一を呼吸し、故を吐き新を納《い》る（同書巻七、宋朱昭之「難顧道士夷夏論」）。

さらに下って南朝梁に入ると、道教が仏教に明白に対立する語として用いられた例がある。

夫《そ》れ仏法は神を練り、道教は形を練る（同書巻八、梁劉勰《りゅうきょう》「滅惑論」）。

以上を通観してみると、六朝も中期以後になると、従前通りに「道教」「道法」を普通名詞として用いるとともに、他方では五斗米道風の神仙説をさす特殊名詞として用いる例も現れており、その意味がかなり流動的であったことがわかる。

それでは「道教」の名称が今日の用法に定着するのは何時の頃からかといえば、それには北周の武帝の建徳二年（五七三）の詔勅が発せられた時を、一応の指標とすることができよう。武帝は史上に有名な仏道二教の禁断の令を下すのであるが、その前年にあたる建徳二年十二月に「帝は高座に上り、三教の先後を弁釈し、儒教を以って先となし、道教を次となし、仏教を後となした」という[2]。

ここに帝王の権力を背景として、仏教に対する「道教」の名称が確定し、公認されることになった。むろんこれは北朝に限定されることではあるが、しかしこれよりわずか十五、六年後には、北周から出た隋が天下を統一するのであるから（五八九年）、事実上、道教の名が確定する有力な原因となったことは否定できないであろう。

このように見てくると、道教が名実ともに一個の宗教の形態を確立するのは、六朝も最末期のことであり、中国の歴史からいえば比較的に新しいことがわかる。

二　神仙説の構成要素としての養生術

後世の道教を構成する主要な要素は神仙説である。初期の道教は専ら神仙説を母胎とするものであったが、ついでその権威を高めるために道家（老荘）、特に老子の思想が導入された。最後の段階では仏教の思想を大幅に採り入れている。

このように道教の中核となるものは神仙説であるが、その神仙説そのものも実は養《よう》生術《じょう》・錬金術・巫術《ふじゅつ》などの、それぞれ独立の起源をもつ別個の要素を混成することによって生まれたものである。

まず古代の養生術についてみよう。養生術のうち主要なものは、導引《どういん》と辟穀《へきこく》とである。導引とは深呼吸と柔軟体操とを組み合わせたものであり、一種の健康法であり、長寿法であった。これを紹介している最古の文献は、戦国末（前三世紀中期）の成立とみられる『荘子』刻意篇である。

　息を吐いたり、吸いこんだりして、古くなった生気を吐き出し、新しい生気を入れ、あたかも熊が木に登り、鳥が伸びをするような格好をして、専ら寿命を長くしようとするものがある。これらは、道引の士とよばれる人びと、身体を養うことに専念するもの、彭祖《ほうそ》のような長寿を願うものが、好んで行うところである。（中略）だが、道引など（人為的な方法）をしなくても、自然に長寿になる道こそ、（中略）天地自然の道であり、聖人の身にそなわる徳にほかならない。[3]

　ここに紹介されている導引は、長生長寿を得るための技術であり、不死に至る道としては説かれていないことに注目する必要がある。いいかえれば養生法であっても、神仙説ではなかったと見られる。そして荘子自身は、このような人為的な延命術を軽蔑し、否定しているのである。

　この養生法としての導引は、おそくとも戦国末には生まれていたものと見られるが、その実践者が漢代に至るまで絶えなかったことは、前漢創業の功臣である張良(?〜前一六八)が、功成り名遂げ、留侯に封ぜられたのち、この導引を実行していることによっても知られる。『史記』留侯世家には、次のような意味の記事がある。

留侯(張良)は多病であったので、長安に入るとともに、導引して穀物を食わず、門を閉じて外出しなかった。そして「願わくば人間《じんかん》の事を棄て、赤松子《せきしょうし》(神話時代の仙人)に従って遊ばんと欲するのみ」といい、辟穀導引して身を軽くする法を学んだ。

ここでは導引とともに「辟穀」の語が現れていることが注目される。実はこれが辟穀の文献に見える最初の例である。辟穀とは「穀物を避けて食わない」という意味であり、その理由は後世さまざまに説かれているが、要するに導引と同様に、もともとは健康法の一つであったと見られる。

この辟穀は、導引とともに、神仙説の重要な構成要素となり、ひいては後世の道教においても重要視されたものであった。

三　神仙説の発生

道教の前身である神仙説は、いつごろから発生したものであるか。この点について述べた文献としては『史記』封禅書が最も古く、かつ詳細である。そこで封禅書の記述を紹介しつつ、神仙説の起源を探ることにしてみよう。

宋毋忌《そうぶき》・正伯僑・充尚・羨門子高・最後は、みな燕《えん》（戦国時代の国、その領土は河北省北部で、東は渤海《ぼっかい》湾に面する）の人であり、方僊道を修め、形解銷化を行い、鬼神の事に依った。その当時、騶衍《すうえん》という学者は陰陽主運の説（陰陽五行説）を唱えて、戦国諸侯の間に人気があったが、燕や斉《せい》の海岸地方にすむこれらの方士は、この騶衍の術を学んで伝えようと試みたものの、どうしても通ずることができなかった。そこでこれを断念し、もっぱら怪異の説を唱えて、諸侯に取り入ろうとする連中が無数に現れるようになった。[4]

このうち「方僊道」とは、方術仙道のことであり、神仙術を意味する。「形解銷化」

とは、少しく問題が残るけれども、「尸解《しかい》」すなわち仙人が死骸だけを残して本体は永遠の生をつづけることをさすものと見られる。

これによると、戦国時代末期（前三世紀）の頃から、渤海湾に面する燕・斉の諸国には、すでに神仙説を唱える多数の方士があり、この説によって諸侯に取り入ることを謀っていたことがわかる。

封禅書は、これにつづいて、さらに次のように述べる。

斉の威王（在位、前三五七〜前三二〇）、宣王（同、前三一九〜前三〇一）、燕の昭王（同、前三一一〜前二七九）の頃より、人に命じて蓬萊《ほうらい》・方丈《ほうじょう》・瀛州《えいしゅう》を探し求めさせるようになった。この三神山は、その言い伝えによると、次のようにいう。渤海の中にあって、その近くまで行くことはできる。しかし、もう少しで到着しようとすると、船が風に引かれて離れてしまう。話によると、一度この三神山に到着した者があり、そこには多くの僊人が住み、不死の薬も皆そろっている。そこにある物は、鳥獣に至るまでことごとく白く、宮殿は金銀で造られているという。

使者の船が遠くから三神山を望むと、あたかも雲のように見えるが、さらに近づくと、三神山は逆に水面下に見える。いよいよ到着しようとすると、いつでも風が出て船を後方に引き下げるので、ついに行き着く者はなかった。しかし世の君主たちは、いよいよ三神山への憧れを強めた。

渤海湾は蜃気楼《しんきろう》の現れる所として有名である。特に登州地方では、古くよりこれを海市《かいし》とよんでいた。この封禅書の記事を読むと、三神山の伝説が蜃気楼の現象にもとづくことを思わせるものがある。この海岸地方にすむ方士の集団が、三神山の伝説を構成し、ここに仙人がおり、不死の薬があるという神仙説を作りだしたものと思われる。もしそうとすれば、渤海湾の沿岸こそ、神仙説の発祥の地であるということになろう。

封禅書にいうように、戦国時代には、この渤海湾に臨む大国として燕と斉の二国があり、その国王はいずれも方士の言に心を動かされたが、三神山の探険に踏みきるには至らなかったようである。秦の始皇帝が天下を統一したあと（前二二一年）、この探険を試み、徐福に命じて多くの童男童女を船にのせ、三神山を求めるなど、幾度かこれに挑戦したが、いずれも失敗に終わった。

この始皇帝につづいて神仙説の最大の信奉者となったのは、前漢の武帝（在位、前一四一〜前八七）である。武帝によって神仙説はその内容が豊富になり、画期的な成長を遂げることになった。

封禅書によると、武帝にはじめて取り入ったのは李少君という方士であり、「祠竈《しそう》穀道却老《こくどうきゃくろう》の方」なるものを説いた。そのいうところによれば「まず竈を祠ると、鬼物を招き寄せることができる。鬼物を招き寄せると、丹砂を化して黄金とすることができる。黄金ができたのち、これで飲食の器を作れば、寿を増すことができる。寿を増すと、海中の蓬萊にいる仙人に会うことができる。仙人に会ってのち、泰山を祭る封《ほう》禅《ぜん》の礼を行うと、不死になることができる。それを成したものが黄帝である」という。

これを見ると、後世の神仙説、ひいては道教のもつ諸要素が、ほとんど出そろっていることがわかる。

まず「祠竈《しそう》」についてみると、これは古くから現代に至るまで根深い伝統をもつ民間信仰であり、これを祭ることによって鬼物すなわち神霊を招きよせることができるというのは、李少君を始めとする方士が、多分に「巫祝《ふしゆく》」の性格をもつことを示すものである。

次に「丹砂を化して黄金とする」というのは、上古からあったと思われる錬金術を採り入れたものである。ここでは黄金の食器を用いれば長寿が得られるといっているが、後の神仙説ないし道教にとって重要な意味をもつ「丹薬」の製造につながる。丹砂を炉に入れて加熱すれば水銀が得られるが、さらに種々の鉱物を加えることによって丹薬が得られる。この丹薬を服することこそ、あらゆる長生術にも増して重要な不老不死の法であるとされるようになる。

最後に、これに加えて蓬萊山にすむ仙人に会い、泰山を祭る封禅の礼を行えというのであるが、これを見ると李少君は、従来の不老長生に効ありとされてきた方法を総動員し、これらを機械的に結びつけて行ったものであることがわかる。

この李少君の場合、特に注目をひくのは、神仙説の開祖格に「黄帝」をはじめてあげていることである。これより後になると「老子」が黄帝にならぶのであるが、武帝の世には、老子はまだまったく姿を現していない。このことについては、黄老説のところで改めて問題にしたい。

この李少君は間もなく病死し、次に寵用《ちょうよう》されたのは斉国の少翁《しょうおう》であった。少翁は、武帝が寵愛していた王夫人が死去したとき、方術をもって夜中に夫人の姿を現出させて武帝に見せたり、竈神《そうしん》を現したりしているから、巫祝の出身であることがわかる。しかし他方では仙人と関係の深い承露盤《しょうろばん》や仙人掌《サボテン》を作らせているから、神仙術の方士でもあった。

少翁の次に欒大《らんだい》という方士が武帝に近づいた。彼は「私は常に海中に往来し、安期生や羨門といった仙人たちにも会った。不死の薬を手に入れ、仙人になることも可能である。ただ君主が方士を大切にし、その地位を尊くしなければ、その実現は難しい」といった。そこで武帝は彼を五利将軍に任じ、その一族の女をめとらせ、尊寵の限りをつくした。このため燕・斉の地方にすむ方士たちは、いっせいに立ち上がり、口々に「われこそ神仙となる秘方の持ち主である」と唱え、朝廷に殺到するありさまとなった。

そのうちの一人に斉人の公孫卿《こうそんけい》がある。彼の神仙説は黄帝《こうてい》を中心とするところに特色が見られる。その武帝に説いた黄帝登仙の説の大要は次の通りである。

黄帝は一方では戦いながら、他方では僊《せん》を学んだ人である。黄帝は首山の銅を採り、荆《けい》山の下で鼎《かなえ》を鋳た。鼎が完成すると、頷髯《がんぜん》をたれた龍が下りてきて、黄帝を迎えた。そこで黄帝はその龍の背にまたがり、群臣や宮女たち七十余人もこれに従って乗り、龍はそのまま昇天しようとした。ところが残された小臣どもは上天することができないので、みな龍の髯《ひげ》にぶら下った。このため龍の髯が抜け落ち、はずみで黄帝は手にしていた弓を落とした。黄帝はそのまま昇天してしまい、残された人民たちは、その弓と髯とを抱いて泣き叫んだ。このため今にその場所を鼎湖《ていこ》とよび、その弓を烏号《うごう》（泣き叫ぶ）の弓とよんでいる。

この公孫卿の話を聞いた武帝は、「ああ、自分もこの黄帝のようになることができたならば、妻子を捨てることを、破れ靴を脱ぎすてるのと同様にしか思わないであろう」と嘆じた。

以上の方士たちが説く神仙説を総合してみると、導引・辟穀を除いて、巫術的祭祀・金丹の仙薬などの神仙説の主要な諸構成要素がすべて出そろっていることがわかる。しかも神仙説を権威づける創始者として黄帝も出現している。この意味で、前一世紀初めの前漢の武帝の頃に、神仙説の基礎的なかたちが完成していたと見ることができよう。

残るところは、この神仙説がどのような過程を経て、道家の老子に結びついたかということである。

四　戦国末より前漢に至る黄老思想

漢代から六朝時代を通じて、道教のことを神仙説、または黄老説《こうろう》とよぶのが普通であったことは、すでに前述の通りである。

黄老とは、黄帝と老子という意味であるが、この語の内容は、前漢と後漢とでは大いに趣きを異にしている。いま、この変化について述べるために、戦国時代から前漢末に至るまでの黄老説についてみよう。

まず『史記』により、漢代以前の戦国末（前三世紀）の黄老説についてみると、その楽毅《がくき》伝の論に次のような叙述がある。

楽毅の一族に、楽瑕《がくか》公と楽巨公とがあった。楽巨公は黄帝・老子を学んだ。その本師は河上丈人と号するが、いずこの出身の人物であるかは不明である。その河上丈人は安期生に教え、安期生は毛翕《もうきゆう》公に教え、毛翕公は楽瑕公に教え、楽瑕公は楽巨公に教え、楽巨公は蓋《がい》公に教えた。その蓋公は曹相国（曹参）の師となった。

ここに黄老説の創始者格として河上丈人があげられ、その弟子として安期生があげられていることが問題になる。のちに神仙説が盛んになると、この両人は神仙説の体得者として有名になるが、しかしその説を受けた前漢の丞相曹参の黄老説には、まったく神仙説の色彩がなく、純然たる政治思想である。このような点から溯って考えると、河上丈人や安期生も、老子風の処世術を守る隠遁者であった可能性が強いといえる。

次に前四世紀から前三世紀の人である田駢《でんべん》について、『史記』荀卿伝には、「趙人の田駢は黄老道徳の術を学ぶ」と見えている。この田駢には著書が伝えられていないが、『荘子』天下篇には、慎到《しんとう》らとともに、「万物を斉《ひと》しくするを以て首《はじめ》とす」と述べているから、道家のうちでも荘子の斉物論に近い立場にあった思想家であるかもしれない。

これより少しく後の人に申不《しんふ》害《がい》・韓非《かんぴ》子《し》があり、ともに『史記』老荘申韓列伝に見えている。この両人は普通には法家に属する思想家とされているが、『史記』では申不害について「学は黄老に本づき、刑名を主とす」といい、韓非子については「刑名法術の学を喜び、その帰は黄老に本づく」といって、ともに黄老説の信奉者として述べている。

刑名とは法律学のことであるが、この法律万能の思想が、どうして老子の思想に結びつくかという疑問が生まれる。現存の『韓非子』には主道篇や揚権《ようかく》篇などがあり、そこでは老子の語を法家風に曲げた解釈が見られる。これらの諸篇は韓非子門流の人々によって付加されたものであるかも知れないが、戦国末には諸子百家の間に折衷と歩みよりの風潮が盛んであったから、道家と法家の間にもそれが現れたものと見ることができる。『史記』のいう黄老とは、このような法家と道家とが折衷した思想をさすものといえよう。

以上は戦国時代の黄老思想であるが、次に前漢時代（前二〇二～後八）のそれについて見よう。

『史記』田叔伝。田叔は剣を喜び、黄老の術を楽巨公の所に学ぶ。

この記事は黄老の術の内容を知ることには役立たないが、前掲の楽毅伝にあげられた黄老説の師授関係に見える河上丈人↓安期生↓毛翕公↓楽瑕公↓楽巨公↓蓋公↓曹参のうちの楽巨公を師としたという所に史料的価値がある。

『史記』曹相世家（曹参）。膠西《こうせい》に蓋公《がいこう》あり、よく黄老の言を治むと聞き、人をして幣を厚くして之を請わしむ。すでにして蓋公を見る。蓋公、為に言う、「治道は清静を貴ぶ、而して民自ら定まる」と。（中略）その治要は、黄老の術を用う。故に斉に相たること九年、斉国は安集し、大いに賢相と称す。

これは漢の創業の功臣である曹参が、恵帝元年（前一九四）に斉国の丞相《じょうしょう》となった時の話である。その招いた黄老の師の蓋公の名は、前条にあげた師授関係の最後にみえる。その主張は「治道は清静を貴ぶものであり、これによれば民は自然に安定する」というのであるから、これはまったく老子風の無為自然の政治を説いたものである。翌年、曹参は蕭何《しょうか》のあとを承けて漢の相国となったが、蕭何の干渉政策を改め、無為自然の政策を採った。蓋公の黄老説の内容、それを受けた曹参にも、神仙説の色彩はなく、純然たる政治思想である。

『史記』汲鄭伝。汲黯《きゅうあん》は（中略）東海太守となる。黄老の言を学ぶ。官を治め民を理《おさ》むるに、清静を好み、丞史を択んで之に任ず。その治は大指を責むるのみにして、苛小ならず。（中略）歳余、東海は大いに治まる。上（武帝）聞き、召して以て主爵都尉となし、九卿に列す。治は務めて無為に在るのみ。大体を弘めて、文法（法律）に拘せず。

汲黯は武帝の初期に重任された人物であるが、そののち武帝が儒教一尊の政治に転向するとともに、次第に疎んぜられた。その黄老説の内容は、清静無為の老子の思想であった。

『漢書』孝文竇《とう》皇后伝。竇太后は黄帝老子の言を好む。景帝および諸竇は老子を読み、その術を尊ばざるを得ざりき。

竇后は文帝（在位、前一八〇～前一五七）の皇后で、子の景帝（在位、前一五七～前一四一）、孫の武帝の即位十年（前一二九）まで、皇太后として約二十五年にわたり、絶大な権威の持主であった。この竇太后が黄老説の熱心者な支持者であったため、その子の景帝の世は黄老説の全盛期であったとされる。(5) あるとき博士の官にあった轅固《えんこ》生《せい》が老子の書を「あれは家人言――在野の庶民の勝手な放言にすぎない」とけなしたのを怒り、これに労役刑を科そうとしたが、景帝の取りなしで辛うじて救われたという。武帝の即位後、儒教が黄老説に代わろうとする風潮が現れ始めたが、太后の在世する十年間は、その伸張が阻まれた。儒教が国家公認の学問となるのは、太后が崩じた前一二九年以後のことである。

『漢書』楊王孫伝。楊王孫は武帝の時の人である。黄老の術を学んだ。家の財産は千金、豊かな生活をし、何不自由なく暮していた。病気になり、死が近づいたとき、子に遺言して「自分は裸葬にして、自分の真の姿に帰りたい。死ねば布の袋を作って死体をその中に入れ、地下七尺の所まで下ろせ。下ろしたならば、足の方からその袋を脱し、死体が土に直接触れるようにせよ」と命じた。その子は処置に困り、父の友人を通じて諫《いさ》めてもらうことにした。友人の手紙がとどくと、楊王孫は反論の手紙を書いた。「死は生の変化を終わらせるものであり、物の帰する所である。帰する者がその到着点を得、変化する者が変化の究極を得ることは、物が各々その真の姿に帰ることである。真に帰れば冥々として形もなく声もない。これぞ道の姿に合致するものである。もともと精神は天に属し、身体は地に属するものであるから、死ねばそれぞれ本来の天と地に帰する。帰するところから、これを鬼（死者）とよぶのである。その死骸は土塊のようなもので、どうして意識の働きなどがあろうか。これに錦の衣をまとわせ、棺槨《かんかく》の中に入れることは、まったくの浪費にすぎない」という。そこで友人も承服し、ついに裸葬することにした。

これはその大意を訳したものであるが、これが楊王孫の黄老説から見た生死観である。それは精神と肉体の永続を目的とする神仙説からは遠く隔たったものであり、死を故郷に帰ることとする荘子の生死観に近いことを示している。

『漢書』楚元王伝。劉徳（中略）少にして黄老の術を好む。（中略）徳は常に老子の知足の計を持す。妻死せるとき、大将軍（霍）光は、女を以て之に妻せんと欲す。徳は敢えて取らず、盛満を畏るればなり。

この劉徳は漢の宗室の一人であり、武帝の世から宣帝の時にかけての人であるが、その黄老の術とは、老子風の知足の計であり、盛満すなわち満ち足りた状態を恐れることを内容とするものであった。それが神仙説と無関係であることは言うまでもない。

以上が前漢時代の文献に見える黄老説の主要な例である。これを通観してわかることは、前漢の黄老説とよばれているものは、ほとんどすべてが老子風の無為自然の政治説であり、処世術であって、神仙説の色彩を帯びたものがまったくないことである。

それならば、なぜ単に老子もしくは道家といわないで、「黄老」とよんだのであろうか。このことについては今日ほぼ定説になったともいえる考え方がある。もともと中国には古代尊重の思想があるが、戦国から秦漢にかけての諸子百家競起の時代には、各学派は競ってその開祖を、より古い時代におこうとする風潮が盛んになった。儒家がその開祖を、孔子よりも溯って堯舜《ぎょうしゅん》禹湯《とう》文武の聖王に求めるようになったのも、その一例である。道家もこれに対抗するために、老子よりも古い伝説の聖王である黄帝を開祖とし、その教説を権威づけようとして「黄老」と名のるようになったと見られる。

それにしても前漢時代、特に武帝の時までを中心として、老子の思想がこのように盛行した理由は何であるのか。

前漢の初期、武帝が儒教一尊の政策を確実にするまでの約八十年間は、まだ漢の王朝の基礎が十分に固まらない時期であった。この時期には、前代の秦の始皇帝が極端な弾圧政策、統制政策のために民心を失ったことに対する反動として、前漢初期には自由放任の政治が行われた。老子は無為自然の哲学を説くが、これが政治に適用されると自由放任の思想となる。ここに前漢の前期に黄老思想が流行した根本の原因がある。

しかし武帝の世に入るとともに、前漢の王朝の基礎もようやく固まり、積極政策を必要とする機運が生まれ、自由放任を基調とする黄老思想に不都合が感じられるようになった。そこに黄老に代わって儒教が現れる理由があった。

武帝の時代を境として、さしも隆盛を極めた黄老説もしだいに衰え、後漢に入ると、名は同じ黄老説であっても、その実質はまったく変化し、純然たる神仙説になってゆく。この歴史的な事実を見落すと、さまざまな誤解を生ずる原因にもなるであろう(6)。

五　後漢の黄老説の神仙説化

無為自然の政治を理想とした前漢の黄老説は、その使命を終えて儒教にその座をゆずり、しだいにその姿を消して行った。しかし黄老という名称だけは後漢時代に残ったが、その内容は政治説から神仙説へと変質を遂げていた。

もっとも後漢に入ってのちも、特にその初期においては、なお前漢と同じく政治思想を内容とすると思われるものも残存している。

『後漢書』鄭均《ていきん》伝。鄭均は少《わか》くして黄老の書を好む。

『東観漢紀』鄭均は尚書を治め、黄老を好む。淡泊無欲、清静自ら守り、遊宦を慕わず。

『袁宏後漢紀』任光は黄老の言を好み、人となり純厚なり。

後者の任光の場合は、その黄老説の性格が明らかでないが、その伝記の内容は神仙説とまったく関係がないから、やはり政治説ないし処世術を内容としていたものと推測される。

このような例外はあるものの、後漢の黄老説は神仙術を内容としたものが圧倒的に多い。その最も早い例は、楚王の劉英の場合である。

『後漢書』楚王英伝。英は少時遊俠を好み、賓客に交通す。晩節には更《あらた》めて黄老の学を喜び、浮屠《ふと》の斎戒祭祀を為す。

これだけでは「黄老の学」の性格はまだ明らかでないが、これにつづく記事によって確かめることができる。永平八年（六五）、明帝は天下に詔して、死刑に相当する罪を犯した者も、絹を納入した場合には、その罪を免ずることにした。楚王英は明帝の異母弟であったが、過去に不法を犯したことがあるので、絹三十匹を納入した。これに対して明帝は次のように答えている。

楚王は黄老の微言を誦し、浮屠の仁祠《じんし》を尚ぶ。潔斎三月、神と誓をなす。何をか嫌い何をか疑わんや。当《まさ》に悔吝《かいりん》あるべし。それ贖《しょく》を還《かえ》し、以て伊蒲塞《いぶそく》・桑門《そうもん》の盛饌《せいせん》を助けよ。

このような優詔を受けながら、楚王英はそののち「大いに方士に交通し、金亀玉鶴を作り、文字を刻して符瑞をなす」といった行為があったので、革命を予言する図書を作り、反逆の志ありと密告され、丹陽郡に流されて自殺した。このような事実からみると、その黄老学の内容が神仙説であったことは明らかである。

これより約百年後、桓《かん》帝（在位、一四六〜一六七）が宮中に黄老を祭ったという記事がある。

『後漢書』桓帝紀延熹九年（一六六）、黄老を濯龍宮に祀る。

『同書』襄楷《じょうかい》伝。襄楷上書して曰わく、（中略）又聞く、宮中に黄老浮屠の祠を立つと。この道は清虚にして無為を貴尚し、生を好み殺を悪《にく》み、欲を省き奢を去る。いま陛下は嗜欲去らず、殺罰は理《ことわり》に過ぐ。すでにその道に乖《そむ》く、豈《あ》にまたその祚《そ》を獲んや。或は言う、老子は夷狄《いてき》に入りて浮屠となると。浮屠は桑下に三宿せず、久くして恩愛を生ずるを欲せず。精の至りなり。（中略）いま陛下、婬女艶婦は天下の麗を極め、甘肥飲美は天下の味を単《つ》くす。奈何《なん》ぞ黄老の如くなるを欲せんや。

この一文は後漢の仏教信仰を問題にするとき、しばしば引用されるものであるが、後漢の黄老説にとっても重要な意味をもつ史料である。

これよりさき、桓帝の前の順帝（在位、一二五〜一四四）のとき、宮崇《きゅうすう》なるものが、その師の于吉《うきつ》から伝えられた『太平清領書』を献じたが、有司がこれを見たところ、陰陽五行説を本とし、これに巫覡《ふげき》の雑語をまじえたものであったから、これを没収したままにしておいた。後に太平道の創始者である張角がこれを入手し、その説の根拠にしたという（襄楷伝）。この事実からみると、後漢の中期の頃から、民間の巫祝を中心として、黄老説が巫術的信仰に変質し、黄帝や老子を神として祀る風習が生まれていたことがわかる。桓帝が宮中に黄老を祭ったというのも、主としてこれらの巫祝の説く信仰にもとづくものであろう[7]。

これらの巫術的祭祀の色彩を帯びた黄老説に対して、知識人の一部には専ら不老長寿の神仙説の伝統を忠実に守るものもあった。

> 『後漢書』矯慎伝。矯慎は少《わか》きより黄老を学び、山谷に隠遁し、穴に因りて室をつくる。松喬の道引の術を仰ぎ慕う。（中略）年七十余、竟《つい》に肯《あ》えて娶《めと》らず。のち忽ち家に帰り、自ら死日を言う。期に及びて果たして卒す。のち人、慎を敦煌に見る者あり。故に前世これを異とし、或は神仙なりといえり。
>
> 『同書』楊厚伝。楊厚は黄老を修め、門生に教授す。名録を上る者、三千余人あり。

両人ともに後漢中期の人であり、前者は隠逸伝に名を列し、後者は吉凶を占う図識《としん》の学を伝える士族の家に生まれながら、朝廷の招きに応じなかった人物である。

このようにして前漢では政治説であり、処世の術であった黄老説が、後漢に入るとともに純然たる不老長寿の神仙説となるか、あるいは巫術的祭祀を伴う神仙説に変質した。これらが後漢の張角の太平道や、三張の五斗米道が発生する地盤を提供することになる。

六　老子の神仙化

黄老説が神仙術化する場合、問題になるのは老子である。

黄帝の場合は、すでに述べたように前漢の武帝に寵用された方士の李少君が神仙説の開祖格に黄帝をあげている。のみならず『漢書』芸文志には、神僊家の書目に『黄帝雑子歩引』十二巻、『黄帝岐伯按摩』十巻、『黄帝雑子芝菌』十八巻、『黄帝雑子十九家方』二十一巻、房中家の書目に『黄帝三王養陽方』二十巻をあげるなど、黄帝に仮託した神仙説関係の書がおびただしく現れている。

これに反して老子の場合は、前漢を通じて神仙説に結びつけられた例はまったく見えない。これは前漢の黄老説が、政治説であり処世術であって、神仙説とは関係がなかったという事実と相表裏するものである。

それではいつの頃から老子は神仙説に結びつけられるようになったのか。

それは前節であげた楚王英の黄老説が神仙説の内容をもつことから判断されるように、おそくとも西暦六五年以前、後漢に入って間もない頃に始まったと見られる。ほぼ同じ頃に著わされたと推定される後漢の王充《おうじゅう》（二七〜一〇〇頃）の『論衡《ろんこう》』道虚篇には、次のような記述がある。

> 世間では、老子の道を行えば度世することができるというものがいる。それは恬《てん》淡《たん》無欲で、精を養い気を愛《お》しんだからだという。いったい人間は精神を以って寿命とするのであるから、精神さえ傷つかなければ、寿命は長くなり、死ぬことはない。事実、老子はこれを実行して、百を踰《こ》えて度世し、真人となった、という(8)。

ここでは「真人」という老荘の用語に従っているが、長生不死の人をさしているのであるから、「仙人」と同じ意味に用いられている。つまり後漢の前期、一世紀末には老子は完全に神仙説中の人物にされているのである。

これよりのち老子の神仙化は急速に進んだ。たとえば後漢末に太平道を創始して大衆動員に成功した張角（?〜一八四）も『後漢書』皇甫《こうほ》嵩《すう》伝によると、「自ら大賢良師と称し、黄老道を奉事す」といわれているから、老子を教祖の一人としていたことがわかる。またそのあとを受けて五斗米道を確立した三張の徒のうち、張衡の時には『老子』五千文をすべての教徒に習わせたという（『三国志』張魯伝裴注[9]）。

このように老子が神仙説の教祖格に取り入れられたことは、この後の神仙説ないし道教に思想的根拠を提供することになり、その権威を高めることに大いに役立つことになった。

もともと老子の思想は不老不死を求める神仙説とは異質のものである。神仙説は不死を目的として導引・服薬・祭祀などを手段として用いるが、それは人為・人工によって生を延長させようとするものであり、無為自然を理想とする老子の思想に反するものである。『老子』第五十五章に「生を益すを祥《わざわい》という」とあるのは、人為的に生を延長させようとすることは、かえって害を招くという意味である。また第六十四章には「万物の自然を輔《たす》けて、敢えて為さず」という。万物の自然な動きを助けるだけで、人為を加えないという意味である。このような立場からは、導引や服薬といった人為的手段は当然否定される。また老子は、中国の知識人の多くがそうであるように、無神論者的な立場にある。神仙説に見られるような巫術的信仰の対象となる神々は、軽蔑の対象となることはあっても、祭祀の対象となることはない。このように老子と神仙説との間には根本的な相容れない立場の相違がある。

それにもかかわらず、異質の両者がどうして結合されるようになったか。その責任の一半は、老子の側にもまったくないわけではない。その一つは、老子の立場が全体として個人の生活を安全にするという、保身の傾向をもつということである。その書に「何々すれば、危うからず」といった表現の多いのは、そのあらわれにほかならない。

そこから「老子は身を保ち長寿を得るために、淡泊無為であれと説いたのだ」という俗流解釈が生まれる可能性もある。現に司馬遷の『史記』にも「けだし老子は百有六十余歳、或は言う二百余歳と。その道を修めて寿を養えるを以ってなり」といい、前漢時代は早くもこの種の俗流解釈があったことを示している。ここから「長生不死を得るためには、老子の淡泊無為を行うべきだ」という神仙説的解釈も生まれる可能性があった。

第二には、老子の書には象徴的な表現が多く、神秘的な色彩を帯びるものが多いということである。第六章の「谷神は死せず、これを玄牝《げんぴん》という。玄牝の門、これを天地の根という」といった表現は、巫術的理解に絶好の口実を提供するものであろう。

しかし歴代を通じて、中国の知識人の大多数は、道家の老荘思想と、神仙説およびその発展形態である道教との区別を、よく知っていた。道教の興隆期である六朝時代においてさえ、南朝宋（四二〇〜四七九）の明僧紹《めいそうしょう》は、道士の論に反論を加え、「道家の教えは老子と荘子の二書に尽きている。そこでは一なる道を得て、虚無の本体をきわめることを説いているが、肉体を変化させるといった奇怪なことは説いていない。また長生と若死との同一視は説いているが、死をなくすことは説いていない。ところが今の道教は、もっぱら長生不死を説いているが、これは老荘本来の精神とは大いに異なるものである」と述べている（正二教論、『弘明集』巻六）。

このような反論があったにもかかわらず、道教が強引に老子や荘子を教祖格に祭り上げたのは、それが必要不可欠であったためにほかならない。もともと神仙説ないし道教は、巫術的信仰をその本質とするものであるから、高級な思想体系を備えたものではない。

このことは道教が儒教や仏教に対抗する上で、決定的に不利な点であり、致命傷となりかねない弱点である。これを補強するためには、何としても老荘を味方の陣営に引きいれる必要があった。老子が道教の教祖格とされるようになった理由は、ここにある。

注

（1）墨子非儒篇　有強執有命以説議曰、寿夭貧富、安危治乱、固有天命。（中略）而儒者以為道教。是賊天下之人者也。

（2）周書武帝紀　建徳二年、十二月癸巳、集群臣及沙門道士等。帝升高座、弁釈三教先後。以儒教為先、道教為次、仏教為後。

（3）荘子刻意篇　吹呴呼吸、吐故納新、熊経鳥申、為寿而已。此道引之士、養形之人、彭祖寿考者之所好也。（中略）不道引而寿、（中略）此天地之道、聖人之徳也。

（4）史記封禅書　宋毋忌・正伯僑・充尚・羨門子高・最後、皆燕人。為方僊道、形解銷化、依於鬼神之事。騶衍以陰陽主運、顕於諸侯。而燕斉海上之方士、伝其術、不能通。然則怪迂阿諛苟合之徒、自此興、不可勝数也。

（5）前漢末の劉向は、その「上列子表」に、「景帝の時代は、黄老の術を貴ぶ風が盛んであった。この列子の書も、この時期に世に行われたものと思われる」と述べている。

（6）Henri Maspero. Le Taoisme, 1950. 川勝義雄訳『道教——不死の探求』一九六六年、東海大学出版会刊。のちに平凡社「東洋文庫」にも収められた。この書は前漢の黄老説と、後漢の神仙説化した黄老説とを区別せず、いずれも神仙説であると見ている。

（7）中国の知識人すなわち士大夫は、民間の俗信を容易には受け容れないのが普通である。これに反して帝王の身分にあるものは、幼少の頃から後宮の女官たちの間で育てられるために、女性の感化を受けて俗信を信じやすくなる傾向がある。後漢初の楚王英や、ここの桓帝なども、その例であろう。その宗教意識は、知識人よりも、むしろ庶民のそれに近い。したがって帝王階級にあるものが神仙説や浮屠信仰を早く受容したからといって、それが知識人の間に広く行われたと見るのは早計である。

（8）この文中にみえる「度世」の意味を正確に捕えることは難しいが、普通には「世を渡り越えて、仙境に達する」という意味に解釈されている。

（9）三国志張魯伝の裴注に引く『三国典略』には、張修が「老子五千文を以て都習せしむ」となっているが、裴注みずからが述べているように、張修は張衡の伝写の誤りであろう。

II

中国知識人の仏教受容

一

西域の仏教が中国に伝えられたのは、およそ前漢末から後漢初へかけての時期、西暦紀元前後とするのが通説である。これよりさき、前漢の武帝が西域との交通路を開いてから、西域の使臣や貿易商人の往来が次第に増加したのであるから、この頃より仏教が中国に流入するのは自然の勢であったといえよう。

ただ、ここに不思議な事実がある。それは仏教のような有力な世界宗教が伝来しながら、そののち久しく中国の知識人がこれを受容し信仰した形跡がないことである。仏教が中国の知識人のあいだに爆発的にひろまるのは、東晋《とうしん》（元帝の即位は三一七年）より後のことであり、仏教の初伝より実に三百年以上の歳月が流れていることになる。この長期間、仏教は凍結の状態のままであったといってもよい。なぜ、このような現象が生まれたのであろうか。

このことを問題にする前に、いちおう正史その他の文献に見える漢代中国人の仏教受容の事実を列挙し、これに簡単な検討を加えることにしたい。

中国仏教史の常識に従えば、その最初にあげられるのは後漢の明帝の求法《ぐほう》である。明帝は夢に金人《きんじん》を見て、それが仏であることを教えられ、西域に使者を派遣してこれを求めさせた。かくて永平十年（六七）、使者は経像を白馬にのせ、西域僧をつれて帰ってきたので、都の洛陽の門外に白馬寺を建立したという。これは『後漢書』西域伝をはじめ、牟子『理惑論』や『四十二章経序』などに見えているものであるが、その記事の内容に矛盾が多いため、今日では一般の仏教史家もこれを信用しないのが普通のようである。しかし、さしあたりの便宜のため、いちおうこれを史実としてあげておくことにしよう。

つぎに明帝の異母弟である楚王英があげられる。この王は放縦の行為が多く、最後には大逆の疑いを受けて廃せられ、永平十四年（七一）に自殺した。これよりさき、永平八年に、楚王英は明帝に贖絹《しょくけん》三十四を奉って罪過のゆるしを乞うたことがあったが、このとき明帝は「汝は黄老の微言《びげん》や、浮屠《ふと》（仏陀）の仁祠《じんし》を尊び、三月の潔斎をして神に誓っているほどであるから、その誠意を疑うことはない。この贖絹はそのまま返すから、伊蒲塞《いぶそく》や桑門《そうもん》の盛饌《せいせん》の助けとするがよい」と答えている（『後漢書』本伝）。これはそのまま歴史的事実として認めてよいものであろう。

後漢末になると、桓帝の奉仏がある。このとき天文陰陽の術をよくする襄楷《じょうかい》というものが、宮中に宦官《かんがん》や寵姫の多いことを上書して諌《いさ》めた。その文中に「又聞く、宮中に黄老浮屠の祠を立つと。この道は清虚にして無為を貴尚し、生を好み殺を悪《にく》み、欲を省き奢を去る。いま陛下は嗜欲去らず、殺罰は理《ことわり》に過ぐ。すでにその道に乖《そむ》く、豈《あ》にまたその祚《そ》を獲んや。或は言う、老子は夷狄《いてき》に入りて浮屠となると。浮屠は桑下に三宿せず、久くして恩愛を生ずるを欲せず。精の至りなり。天神、遺するに好女を以てせるに、浮屠曰く、これただ革嚢に血を盛れるのみと。ついにこれを盼《かえり》みず。その守一かくの如く、乃《すなわ》ち能《よ》く道を成せり」と述べている（『後漢書』本伝）。この上書は延熹九年（一六六）のものである。襄楷という士大夫《したいふ》が、ある程度まで仏教の内容を理解していたことを示す興味深い史料であるが、いまはこの問題には触れずにおくことにする。

これより約三十年の後に、笮融《さくゆう》の奉仏がある（『後漢書』陶謙伝、『呉志』劉繇伝）。笮融は南方の丹徒郡の人であり、同郡の人である徐州牧の陶謙が自立して天子を僭称したとき、衆数百人をひきつれて馳せ参じたというから、おそらく江南の土豪であったのであろう。陶謙の命を受けて広陵・下邳《かひ》・彭城の三郡の運糧を督することになったが、笮融はこれを横領してわがものとし、大いに浮屠寺を建てた。黄金を塗った仏の銅像を作り、これに錦衣をまとわせ、その建物の上には九重の銅盤をおき、その下には三千人をいれる重楼閣道を作った。寺中では絶えず読経を行わせ、界内および近郡の民で仏を好むものを集めて列席させることにし、これに参列したものには賦役を免除したから、遠近の至るもの五千人に上ったという。浴仏の儀式には、盛大な酒飯の準備をし、数里四方にわたる席を設けたから、見物や接待に集まった民衆は万人に達し、その費用は巨億に上ったといわれる。この事例は、後漢末の民衆のあいだに、仏教がかなりの程度まで弘通《ぐずう》していたことを示すものといえよう。

ついで三国から西晋末に至る一百年間についてみると、中国人で仏教を受容し信仰した例は、きわめて乏しいのが実情である。もっとも仏教側の史料では、魏の明帝が浮屠寺を建てたとか、梵唄《ぼんばい》が曹植《そうしょく》の魚山七声《ぎょさんしちせい》に始まるとか、あるいは呉の孫権が仏舎利の霊験によって建初寺を建てたといった類の話があるが、いずれも根拠に乏しく、今日の仏教史家もこれを後出の伝説と見ているようである。ただ、この時期においても、確実性の高いと見られる事例が二つある。

その一は『呉志』の孫綝《そんちん》伝に見えるものである。孫綝は呉の宰相として専横をきわめ、呉主孫亮を廃し、その弟の孫休を立てたが（二五八年）、その前後の孫綝には不法の行為が多く「氏神を侮慢し、遂に大橋頭の伍子胥《ごししょ》の廟を焼き、また浮屠の祠を壊し、道人を斬る」という記事がある。当時の呉の民間に仏寺が祭られていたことを示す史料である。

その二は、中国人で最初に出家して僧となったといわれる朱士行《しゅしぎょう》の事蹟である（『高僧伝』『出三蔵記集放光経記』）。朱士行は潁川《えいせん》の人、沙門となってのち、特に『般若経』に心をひかれたが、当時の中国には小品の『般若経』があるだけで、その文句も簡略で意味の通じないところが多かった。そこで『大品《だいぼん》般若経』の原典を求めるため、魏の甘露五年（二六〇）に長安を出発し、遠く于闐《うてん》国に達して『般若経』の正品《しょうぼん》を手に入れた。そこで西晋の太康三年（二八二）、弟子に命じてこの梵本を都の洛陽に送らせ、みずからは遂に于闐国で没した。この話は、その内容から考えて、おそらく史実として信用できるものであろう。

以上が、後漢初から西晋末に至る三百余年間において、中国人が仏教を受容したと見られる実例の、ほとんどすべてである。むろん、記録は事実のすべてを尽くすものではない。また中国の正史が仏教にたいして冷淡であり、記事を省略する傾向があることも考慮にいれる必要があろう。しかし仏教が一般知識人の間にひろがった東晋時代以後にあっては、正史といえども往々にして列伝の中に奉仏の記事を載せていることを思えば、やはり西晋末までは中国の知識人の仏教信者はきわめて少数であったと推定するほかはない。

それだけでなく、右にあげた奉仏の事例を通観してわかることは、いわゆる士大夫の身分をもつものがほとんど含まれていないことである。後漢の明帝、その弟の楚王英、さらには桓帝など、いずれも帝王の身分に属する。呉の笮融《さくゆう》は地方の土豪と見られるものであり、士門に属するものであるか否か、定かではない。中国人で最初に出家したとされる朱士行も、はたして衣冠の族であったか疑問である。後世の例からみれば、中国人で出家するものは多く寒門の出身であるから、朱士行もその例に漏れないのではあるまいか。もしそうだとすれば、後漢初から西晋末に至る三百年間の仏教信者は、帝王か、さもなければ庶民か、という両極に分かれるのであって、中間の士大夫階級を欠いていることになる。

ここで注意しておきたいことは、帝王の身分をもつ者の意識が、士大夫のそれよりも、むしろ庶民階級に近いということである。帝王の身分に生まれた者は、深宮の中にあって侍女に育てられるのが普通であるが、その侍女たちは多くは庶民出身のものである。したがって呪術的信仰の虜《とりこ》となりやすい傾向をもっている。このような女性に取り囲まれて成人した帝王も、その感化によって呪術的信仰の持ち主となることが多い。漢代の王室についてみても、いわゆる巫蠱《ふこ》の獄とよばれる事件がしばしば発生しているが、これも後宮の雰囲気がかもし出したものと見られる。仏教を初めて受容したとされる明帝や楚王英についてみても、その兄弟一族には呪術的信仰の持ち主が多い。淮南《わいなん》王康・阜陵《ふりょう》王延・広陵王荆《けい》など、みなそれである。ここでは「鬼神を敬してこれを遠ざく」とか「怪力乱神を語らず」という儒教の倫理は、ほとんど無力にひとしかった。

このことは彼らの奉仏なるものの内容を見れば、いっそう明らかになる。従来から指摘されているように、彼らは浮屠だけを単独に祭ったのではなく、つねに老子と並祭しているのである。後漢時代の老子崇拝の推移についてみると、老子と神仙術の結びつきがしだいに強くなり、やがて老子を神仙術の開祖に担ぎ上げるという風潮が生まれる。ここでは老子を思想家として尊敬するのではなく、もっぱら神仙術の教祖としてあがめ、これを祭ることによって無病息災を得ようとする現世利益が動機になっている。明帝の詔には「黄老の微言」や「浮屠の仁祠」という表現があるが、これは詔書の起草にあたった史官による潤色と見られるものであり、明帝自身に微言や仁祠の意識があったとは思われない。

このようにして外国の神である浮屠は、迷信深い帝王階級によって祭祀の列に加えられたが、まったく同じ理由によって無知な庶民階級の間にも受けいれられて行ったと見られる。笮融《さくゆう》や孫綝《そんちん》の伝にみえる庶民の浮屠崇拝は、その一端を示すものであろう。後世の道教もそうであるが、一般に中国民衆の信仰には多神教の色彩が強い。したがって霊験あらたかな神でさえあれば、たとえそれが外国産の神であろうとも、あえて問題にすることはない。近世の例では、聖母マリアでさえ、頭痛にきく神様として迎え祭られることがあったという。このような形態の浮屠崇拝が、はたして仏教信仰の名に価するかどうかは、深く疑問としなければなるまい。

しかしながら、他方、仏教側の史料をみると、この三百年間に活躍した西域人の訳経僧はおびただしい数に上る。もし一部の帝王や庶民階級だけが、浮屠を呪術崇拝の対象にした程度にとどまるならば、訳経の需要などはあり得なかったであろうし、また訳経僧の生活を支えることも困難であったに違いない。それにもかかわらず、西域人の訳経僧が多数に存在し、訳経の事業も相当の規模に達していたとすれば、やはりこの時期の仏教を支える有力な社会層があったことを推定させる。その有力な社会層とは、ほかならぬ西域から中国に移住してきた帰化人である。

前漢の武帝の匈奴征伐ののち、西域から中国へ帰化した人々は、かなりの多数に達していたはずである。それは自然増によるばかりでなく、中国の支配者によって意識的に助長されたといってよい。たとえば後漢の馬援《ばえん》が甘粛省の氐羌《ていきょう》を征伐したのち、その勢力の分散を計るため、その一部を中国の内地である関中の地に移住させたことなど、その一例である。特に三国分立の時期になると、それが一層大規模に行われた。魏の曹操《そうそう》は国力の充実を計るため、武都にいた羌族《きょう》の多くを関中に移住させる政策をとった。このため西晋の恵帝のころには、関中の人口百万のうち、その半ばは夷《い》狄《てき》によって占められるというほどになった(『晋書』江統伝)。当時の識者のうちには、これほど多数の夷狄を内地に雑居させることは、いったん事を生じたばあい、危険きわまりないことを警告する者があったほどである。事実、これがやがて五胡十六国の大乱を招く遠因となった。

これらの中国内地に雑居する胡族は、すでに農業に従事し、中国語を解するものが多く、なかには本国の言葉を忘れたものも少なくなかったであろう。彼らの多くは早くから仏教に親しんでいたと思われるから、中国に帰化したのちも、その信仰を維持するのが自然の勢いである。西域系の訳経僧が輩出したのも、これらの帰化人にとって、梵文よりも漢文のほうが理解しやすかったからではないか。もしこれを事実とするならば、西晋末に至るまでの仏教を、主力となって支持していたのは西域系の胡人《こじん》であったと見ることができよう。

以上のような事実から考えると、後漢初から西晋末に至る三百余年間の仏教を支えていたのは、主として西域系の帰化人であり、その周辺に中国人の庶民や、帝王階級の一部があったことになる。したがって、結論的には、東晋の習鑿歯《しゅうさくし》（?〜三八四）が釈道安にあてた書信に「大教東流してより四百余年、蕃王居士の、時に奉ずる者ありと雖《いえど》も、しかも真丹（中国）の宿訓、先行して世に上り、道運《めぐ》り時遷《うつ》るも、俗いまだ僉《みな》悟らず」（『高僧伝』道安伝）とあるのが、その真相を言いあてているといえよう。

二

そこで次に問題になることは、この三百余年の長期間にわたって、なぜ中国の知識人が仏教に関心をもたなかったか、ということである。むろん、その理由は一、二に止まらないであろう。しかしその最も主要なものとしては次の二つの理由があげられる。その一つは、漢代の知識人が宗教的な要求をもたず、宗教にたいして無関心であったことである。他の一つは、たとえ宗教的関心をもつものがあったとしても、中華意識による夷狄への差別感が妨げになったことである。

まず第一点の、漢代知識人の宗教的無関心の問題を取りあげてみよう。儒教に代表される漢代文化は、ひとくちにいえば政治文化であった。漢代は大帝国の統一が完成された最初の時期であり、政治機運の上昇期にあたる。このような時代の知識人が強い政治的関心をもつことは自然の成り行きである。治国平天下を政治理想としてかかげる儒教が、初めて国教としての取扱いを受けるようになり、漢代知識人の生活の原理となったのも、その現われの一つにほかならない。

ところで、このように関心のすべてを政治的現実に集中するタイプの人間は、その反面において宗教にたいしては冷淡になるのが普通である。宗教は眼前の現実にとらわれることなく、生老病死といった人間の永遠の運命を問題にする。このような宗教の立場は、政治的人間にとっては我慢のならないものである。生老病死という問題も、すべて政治によって解決されるべきものであり、これを神や永遠の世界などに転嫁させることは、責任の回避であり、意志と知力の弱さを示す以外の何物でもない。たとえ生死の巌頭に立とうとも、「化して異物となる、又何ぞ患《うれ》うるに足らんや」（「買誼服鳥賦」）という「ますらおぶり」こそ、政治的人間にふさわしいものであった。

およそ人間のエネルギーには限度というものがある。政治的関心と宗教的関心とを同時に並立させることは容易ではない。多くは二者択一の必要に迫られる。政治的現実に関心を集中する人間は、永遠の問題にたいしては冷淡となり無関心となる。そこに「宗教はアヘンである」という言葉も生まれる。しかし逆に宗教の立場からすれば「政治こそアヘンである」ともいえよう。なぜなら政治に酔うことは、人間の永遠の運命を忘れさす効果をもつからである。漢代人は、まさしく政治に酔える人であった。このような情況が宗教にとって不毛の条件を提供したとしても不思議ではないであろう。

第二点の中華意識による障害の問題についてみよう。いうまでもなく、仏教はインド人という夷狄の教えである。夷狄を人間と動物との中間存在としか考えない中国人にとって、その教えを人生の指導原理として奉ずることは、およそ思いもよらぬことであった。夷狄の文物制度を取り入れることにさえ、なみなみならぬ抵抗感を伴うのであるが、いわんや夷狄の神を崇拝の対象とすることなどは、絶望的に困難であったというほかはない。日本の中国仏教史の研究者が、ともすればこの契機を軽視して見過ごすきらいがあるのは、中華意識を実感として持てないためであろう。

この中華意識による仏教の拒絶ということは、ひとり漢代だけに見られるものではない。仏教が怒濤《どとう》の勢いで社会の上下にひろまった東晋以後においてさえ、中華意識による仏教への拒絶反応は、さまざまな形であらわれている。六朝を通じて排仏論者の有力な論拠の一つになったのは、中国人が夷狄の教えを奉ずべきではないとする「夷夏論」であった。なかには趙郡《ちょう》の李概のように、仏経を手で開くのをけがらわしいとし、いつも足の指でめくったという極端な話もある（『広弘明集《こうぐみょうしゅう》』巻七）。仏教全盛の唐代において排仏論の口火を切った韓退之でさえ、その排仏の最大の論拠としたものは、やはりそれが夷狄の教えであるということであった。これによっても中華意識がいかに根強いものであるか、そしてそれがいかに外国の思想や宗教の理解の妨げとなったかがうかがわれるであろう。

この二つの障害、宗教的無関心と中華意識とが、なんらかの原因によって除去されないかぎり、仏教はついに中国の知識人に受けいれられることはなかったであろう。初伝以来三百余年、仏教が凍結状態のままにおかれたことには、十分の理由があったのである。

三

西晋末まで三百年の久しいあいだ冬眠を続けていた仏教は、四世紀初の東晋に入るとともに、爆発的な勢いで社会の上下にひろまった。まことにそれは大河の堰《せき》を切るという喩《たと》えにふさわしいものであり、すさまじい限りのものであった。南朝四百八十寺《しひやくはつしんじ》の語があるように、隋唐とならぶ仏教の黄金時代の幕がたちまちにして切って落とされたのである。

当然、これには原因がなくてはならない。その原因とは、さきにあげた宗教的無関心と中華意識という二つの障害を消失させる歴史的な事情である。ただ、この二つの障害は同時に消えたのではなくて、まず魏から西晋の時代に宗教的意識の高まりがあって第一の障害が除かれ、ついで西晋末の永嘉の乱（三〇七〜三一二）が第二の障害である中華意識を弱めるという役割を果たしたのである。

まず第一の、魏晋時代における宗教意識の高まりから述べよう。後漢末から魏晋へかけての約百年間は、中国の思想史にとって重要な意味をもつ転換の時期である。このことを示す最も著しい事実は、儒教精神の衰退と、老荘思想の流行とである。これを別の言葉でいえば、政治的関心の冷却と、哲学的・宗教的関心の高まり、ということにほかならない。

それではなぜ魏晋の知識人は政治的関心を失っていったか。それは彼らの生活の条件に変化が起きたからである。漢代の士大夫は、官人として一代限りの身分の持ち主であった。彼らの身分や生活を支えていたものは、朝廷より賜《たま》わる官位であり俸禄《ほうろく》であった。これが朝廷への忠誠、官職への忠勤の源泉となった。治国平天下を説く儒教のイデオロギーが、彼らの生活の原理となり得たのも、ここに理由がある。

ところが後漢の中期以後、この官人士大夫の性格に、次第に変化があらわれ始めた。魏晋時代に入ると、彼らは門閥貴族といってもよいものに変質していた。官吏としての身分は、国家や朝廷にたいする貢献度によって決定されるのではなく、生まれながらの家柄の高下によって自動的にあたえられるものになった。ここでは、もはや漢代のように朝廷に忠誠を尽くしたり、職務に忠勤する必要がなくなった。たまたま魏晋の政界が複雑で、危険が多いという歴史的な事情があったために、これが彼らを一層政界から遠ざける結果になった。このため彼らは名だけは官吏士大夫でありながら、政治には関心をもたず、むしろ文学芸術や哲学宗教といったものに心をひかれ、ここに生きがいを見出すようになった。ひとくちにいって、政治的人間から宗教的人間・芸術的人間への転換が行われたのである。

このような政治的人間から宗教的人間への転換は、すでに魏から西晋にかけての時期に実現していたとみてよい。竹林七賢の出現は、その象徴とみてよいであろう。ここでは治国平天下を理想とする儒教の精神は消え、これに代わって永遠の道をめざす老荘の思想が全盛をきわめる。この老荘への傾斜は、やがて仏教への道を開くことになるであろう。南朝宋の文帝はいう、「六経典文は、もと俗を済《すく》い法を為すに在り。必ず霊性の真奥を求めんには、あに仏法を以て指南となさざるを得んや」（『高僧伝』七）。儒教の経典は、済俗為法という政治の世界に限定されたものであり、霊性真奥の要求はこれによって満たすことができないという自覚、この永遠の世界へのめざめが、彼らを老荘に導き、やがては仏教への道を開くことになったのである。

このようにしてまず第一の障害は除かれたが、しかしこれだけでは仏教への道を開くには十分でない。なぜならば第一の障害にもまさる強力な障害、中華意識による差別観が行く手を阻んでいたからである。この第二の障害を除くためには、中国の歴史始まって以来の大動乱、永嘉の乱を必要としたのである。

永嘉の乱は、たんに西晋という一王朝の滅亡を招いた戦乱にとどまるものではない。それは夷狄部族が四百年にわたって中国の北半を占拠支配するという、未曾有《みぞう》の事態の発端となったものである。中国民族が夷狄に支配されるということは、金・元や清朝にその例があり、後世ではそれほど珍しくないが、これはその最初の経験であり、それだけに深刻な衝撃をもたらしたものであった。従来、永嘉の乱の歴史的な意味を論じたものは、この乱によって北方の中国貴族が南方に移動し、これが江南開発の動因になったことを指摘するものが多い。たしかにそれは社会経済史的に見て重要な事実であろう。しかし永嘉の乱のもつ意味はそれだけに尽きるものではない。文化史・思想史の角度からみれば、それは一層重大な意味をもつ。なぜならば、これによって知識人の中華意識は大打撃を受け、これを機縁としてはじめて仏教が中国人のものとなる道が開けたからである。

それでは永嘉の乱は、どのようにして中華意識をゆさぶったのであろうか。第一には、何としても夷狄の力の支配に服しなければならないという屈辱感である。たとえ武力の価値を軽視する中国民族であるにしても、現実に夷狄に屈服しなければならないとすれば、やはり中国人としての誇りを傷つけずにはいられなかったであろう。現に夷狄の支配下におかれた北朝では、中国人は「狗漢《くかん》」や「一銭漢」という、さげすみの呼び名を甘受するほかはなかった。「漢」は漢人を意味する語であるが、永く慣用されたために、後には本義が忘れられて、たんに「くだらぬ男」というほどの意味に転化した。後世の中国人が互いに痴漢・狂漢・酔漢などと罵《ののし》ってあやしまないのは、この時代の俗語が生き残ったものである。

第二に、永嘉の乱による敗北は、たんに夷狄の武力だけではなく、その精神や教養にも侮《あなど》りがたいものがあることを再認識させた。五胡十六国の君主や官人は、後世の金・元や清朝のそれとは、かなり異なった性格をもっている。元や清は塞外から直接に中国内地に侵入しており、いわば野性のままの夷狄であったが、五胡十六国のばあいは、すでに数百年にわたって中国内地に雑居し、中国文化に同化しきった帰化人であった。

二、三の実例をあげてみよう。前趙国の初代の君主である劉淵《りゅうえん》は、もと匈奴族の出身であるにもかかわらず、幼少より上党の崔游《さいゆう》に師事して毛詩・京氏易・馬氏尚書を習い、春秋左氏伝・孫呉の兵法を好んでこれを誦し、史漢諸子に至るまで綜覧せざるはないという、中国の一流士大夫なみの教養をそなえ、当時の諸名士と交遊して高い評価を受けていた。ただ中国の士大夫と異なるところは、兵法や弓馬の術にも長じ、文武両道を兼ねていたことであった（『晋書』載記）。

その子の劉聡も、また父に劣らぬすぐれた教養人であった。すでに十四歳で経史に通じ、百家の言を兼綜するという秀才ぶりであったが、草隷に巧みで属文をよくし、述懐詩百余篇、賦頌五十余篇を著わしている。その才能は、当時の名士である楽広《がっこう》や張華にも認められたほどである（載記）。永嘉の乱が起ると、西晋の都の洛陽を攻めて陥れ、懐帝を廃し、その先帝の皇后羊氏を奪って妻とした。あるとき劉聡が「わしと司馬家の息子（先夫の恵帝）とを比べて、どう思うかね」とたずねたところ、羊皇后は「とても比べものにはなりませぬ。陛下は開基の明主でありますし、彼は亡国の暗夫でございます。妾は高門に生まれ、世間の男子とは皆このようなものばかりと信じておりましたが、陛下のお側に仕えるようになりましてから、はじめて天下に丈夫があることを知りました」と答えた（『晋書』恵羊皇后伝）。もちろん羊皇后のおかれた情況からいって、この言葉は額面通りに受けとれないかもしれない。しかし羊皇后の先夫の恵帝は暗愚な人物であったし、その周囲にある貴族士大夫も文弱の風に染まった者が多かったことを考えると、この言葉にも案外に実感がこめられていたと見ることができよう。少なくとも羊皇后は、劉聡に接することによって、人物の高下は必ずしも華夷の別によらないことを知ったのではあるまいか。

さらに永嘉の乱後の中国人についてみると、もはや華夷の別を問題にしないものが多くなった。仏教のすぐれた理解者として知られる宋の宗炳《そうへい》（三七五〜四四三）は、その明仏論において「中国の君子は、礼義に明らかなれども、人心を知るに闇《くら》し。いずくんぞ仏心を知らんや」という（『弘明集』巻二）。これは『荘子』田子方篇の「中国の君子は、礼義に明らかなれども、人心を知るに陋《つたな》し」をふまえた言葉であるが、荘子のいう「中国」が辺地にたいする中央の地をさしているのとは異なり、ここでは夷狄にたいする中国を意味している。中国人は礼義や制度という外面的な事実には詳しいが、人心を知ることは不得手であり、いわんや仏心を理解する力はない、というのである。裏からいえば、深遠な仏教哲学の理解は、中国人よりもインド人や西域人のほうが遥かにすぐれている事実を認めるのである。

このような環境が準備されていたればこそ、永嘉の乱以後の中国では、紫髯《しぜん》緑眼の外国沙門が貴族士大夫の清談の席に出入りして怪しまれなかったのである。西域僧の帛尸梨密多羅《はくしりみつたら》は、東晋の初めに江南を訪れ、丞相王導らの知遇を得、高座道人の呼び名で親しまれた。道人は漢語を解せず、伝訳を通じて会話をする不便さがあったにもかかわらず、その機鋒を高く評価された。琅邪《ろうや》の王珉《おうみん》は道人を批評していう、「春秋の書が、中国を先にし、四夷を後においたのは、夷狄が仁譲の性に欠けるところがあったためであろう。けれども一世に卓抜するような天才は、時として夷狄に生まれ、その才能の優秀さは中国人にも等しいばあいがある。だから天授の英偉は、華夷の別を俟《ま》たないことを知るのである」（『高僧伝』巻一）。

このようにして三百余年の久しきにわたり、中国の知識人を仏教から遠ざけていた二つの障害、宗教的無関心と中華意識とは、永嘉の乱を境として一掃された観がある。むろん、それは完全に消失したわけではないが、仏教の受容を妨げるほどのものではなくなった。さればこそ東晋以後の中国では、あたかも大河の堰を切ったかのように、滔々《とうとう》たる仏教の流れは社会の上下を押しつつむことになったのである。

四

それでは、東晋以後の中国の知識人は、仏教のいかなる点に心をひかれたのであろうか。

ひとくちに六朝の士大夫といっても、その仏教にたいする理解の程度は深浅さまざまなのが実情である。よく言われるように、老荘思想を愛好していた六朝人は、老荘の無の思想を媒介として、仏教の根本義である空の思想を理解しようとした。いわゆる格義仏教がそれである。しかし、このような仏教の高度な哲学的理解の方向に進んでいった士大夫は、素人であるとはいえ、仏教受容者のうちでも高級の部に属する。たとえば、さきにあげた南朝宋の宗炳《そうへい》や、竺道生《じくどうしょう》に従って頓悟義を唱えた謝霊運などはそれである。これらの高級の仏教研究家は、士大夫としては例外の少数派である。一般の士大夫は、その理解の程度も、そしてまたその方向も、おのずから異なるものがあった。

そこであらためて、一般の士大夫が仏教のいかなる教理に魅せられたかが問題になる。ひとことで言えば、それは輪廻《りんね》の説であった。これを中国風に表現すれば「三世報応」の説にほかならない。六朝の知識人は、三世報応の説こそ仏教の根本義であり、ここにこそ唯一の救いの道があると信じたのである。なぜ、そのように信じるようになったか。いちおう過去に遡って、その経過を述べなければならない。

漢代以来の中国人は、儒教によっては満たされない一つの要求があることに気づいていた。それは、ほかならぬ人生の幸福への要求である。儒教は「この人生をいかに正しく生きるべきか」を教えたが、しかし「この人生をいかにすれば幸福にすることができるか」についてては多くを語らなかった。道徳論に急なるあまり、幸福論はその背景に退かなければならなかったのである。

それは儒教の開祖、孔子についても言えることである。ただ一つ、『論語』の述而篇のうちに幸福の問題を取りあげた例が見出だされる。あるとき弟子の冉有《ぜんゆう》が「伯夷《はくい》叔斉《しゅくせい》は自分の運命を怨《うら》んだでありましょうか」とたずねたところ、孔子は「仁を求めて仁を得たり。また何をか怨まんや」と答えている。つまり孔子にとっては、幸福とは道徳的行為の完成に伴う満足感にほかならなかったのである。この孔子の立場は、カントの『実践理性批判』が取りあげたストア学派のそれに近い。カントによれば、ストア学派の人々は幸福に独立の権利を認めず、道徳の完成がそのまま幸福にほかならないという立場をとり、幸福を道徳に従属させたという。「朝《あした》に道を聞かば、夕べに死すとも可なり」という言葉も、このような幸福論を背景にしていると見られる。しかし儒教を奉ずる漢代の知識人も、必ずしもこの孔子の幸福観に満足していたわけではなかった。その疑惑の第一声をあげたのは、ほかならぬ司馬遷であった。孔子は伯夷が自己の運命を怨まなかったというが、実は伯夷の臨終の詩なるものが伝えられており、これを見るとやはり自己の運命を悲しんでいることがわかる。だが、正しい行為が不幸によって報いられるという人生の矛盾は、ひとり伯夷だけのものではない。あの顔回《がんかい》を見よ。孔門最高の弟子とよばれるほどの人物でありながら、貧困に苦しみつつ、しかも短命に終わっているではないか。反対に、盗跖《とうせき》などは悪事の限りをつくしながら、恵まれた生涯を終えている。天道は善人に幸いするというが、はたして真実であろうか。私ははなはだ疑う。いわゆる天道なるものは、はたして是なるものか、非なるものかを(『史記』伯夷伝)。伯夷に託して自らの悲運を嘆く司馬遷にとっては「天道は善に福し淫に禍す」という『書経』の言葉も、うつろな響きしか持たなかったのであろう。

この人生の矛盾にたいする嘆きは、実は司馬遷だけのものではなかった。およそ儒教の立場にあるかぎり、道徳と幸福の矛盾を解決する道はついになかったといってよい。そもそも儒教は霊魂の不滅や、来世の存在を信じない。もし現世だけが人生のすべてとすれば、この不幸と矛盾に満ちた五十年の人生は、やがて永遠の闇の世界に消えてゆき、そこでは生前の不幸を償《つぐな》うべき道は固く閉ざされてしまう。したがって儒家が運命に対処する道はただ一つ、「人事を尽くして天命を待つ」こと以外にはない。あたえられた運命はいかに非合理なものであろうとも、ただこれを天命として甘受するほかはないのである。この運命随順主義は、儒教の人生観にひそむ暗い側面である。

ただ、この儒教の人生観に秘められた悲劇性は、漢代のように政治にたいする関心が圧倒的に強かった時代には、それほど明るみに出ることなく終わった。政治がアヘンの効果を発揮したのである。しかし、政治がアヘンの効果を失った魏晋時代に入るとともに、激しい心の痛みが人々を襲った。魏晋人は政治的現実が人生のすべてではないことを知り、はじめて永遠の世界へのあこがれの心を抱くようになった。その要求にまず答えたのは老荘の思想である。しかし、それだけには止まらなかった。永嘉の乱を経て、夷狄への差別感が薄らぐとともに、にわかに仏教が人々の心を捕えるようになった。

中国の知識人がはじめて仏教に接したとき、その教義の中心をいずこに求めたか。袁宏《えんこう》の『後漢紀』は仏教の大意を説明して、「おもえらく、人死するも精神は滅せず、随いて復《ま》た形（身体）を受く。……故に貴ぶところは、善を行い道を修め、以って精神を錬してやまず、以って無為に至り、仏たることを得るに在り」といい、その説くところが深遠であるために、「王公大人は、生死報応の際を観て、瞿然《くぜん》として自失せざるはなし」と述べている。また『魏書』釈老志も仏教を概説して、「およそ其の経旨、大抵言う、生々の類は、みな行業に因《よ》りて起こる。過去当今未来あり、三世を歴して、識神常に滅せず。およそ善悪を為すに、必ず報応あり。勝業を漸積し、粗鄙《そひ》を陶冶《とうや》し、無数の形を経て、神明を藻練し、乃《すなわ》ち無為を致し、仏を得る」という。この袁宏の『後漢紀』や『魏書』釈老志は、いずれも士大夫の意識から仏教をとらえたものであるが、いずれも仏教の根本義を三世報応の説に求めていることがわかる。

それではなぜ中国の王公大人は、この仏教の三世報応の説に接して、「瞿然として自失せざるはなし」という大きな衝撃を受けたのであろうか。第一に、霊魂は不滅のものであり、死によって消滅するものではないこと。第二には、人生はこの現世だけのものではなく、生前の過去世、死後の来世があって、永遠に続くものであること。第三には、この三世にわたって善因を積むならば、ついには無為すなわち涅槃《ねはん》の境地に入り、仏と成るという福果で報いられる、ということである。この三点のうち、いずれの一つを取ってみても、旧来の中国思想にはまったく見あたらないものであった。この驚異の新説に接して、中国の知識人が茫然自失したとしても不思議ではない。

第一の霊魂不滅の思想は、民間信仰としてはともかく、儒教にはまったく欠けていたものである。孔子は「未だ生を知らず、いずくんぞ死を知らんや」といい、死後の霊魂の存在の問題についてはきわめて冷淡であった。これを批判した墨子は「無鬼を執りながら祭礼を学ぶ。これなお客なきに客礼を学ぶがごとし」（公孟篇）といい、儒家の徒が死後の霊魂の存在を否認しながら、しかも祖先を祭るという矛盾を犯していることを非難している。この儒家の無鬼論は漢代を通じて変わることがなかった。

第二の、不滅の霊魂が三世を遍歴しつつ更生するという説は、中国人が夢にも考えなかった新しい思想である。むろん中国にも過去現在未来の観念はあったが、それは現世での時間の位置の相違にすぎず、仏教のように互いに死によって隔てられた過現未の三世を考えるようなことはなかった。これによって霊魂はたんに不滅であるばかりでなく、新しい肉体があたえられ、無限の人生をくりかえすことを教えられたのである。

第三に、前世の業が因となって来世の果をもたらすという説は、前の二説との密接不可分な関連のもとに、中国人に絶大な福音をもたらすことになった。なぜならば、儒教によって解決されないままに残されていた宿題が、これによって一挙に解決を見ることになったからである。

例を顔回にとってみよう。顔回は善業《ぜんごう》を積みながら不幸の生涯を終えた。もし人生が現世だけに限定されているならば、この矛盾は永久に消えることがないであろう。司馬遷の絶望の理由もまたそこにあった。ところが仏教の三世報応の説は、これに見事な解決をあたえる。顔回の現世における不幸は、たとえ彼が記憶しないまでも、前世における彼の悪業《あくごう》の報いが現われたものである。しかし顔回は現世で善業を積んだのであるから、来世において必ず福果で報いられるに違いない。ここでは道徳と幸福とが完全に一致し、不合理な運命が忍びよる余地はまったくないことになる。

この仏教のもたらした福音は深く六朝人の心をとらえた。そのため、この時代の知識人の多くは、仏教は三世報応を説く教えであると信じた。顔之推《がんしすい》はその著の『顔氏家訓』の帰心篇において「三世の事は、信にして徴あり、家世々帰心す。軽慢することなかれ」と最初に訓戒をしめしたあとに、「現世は道徳と幸福とが矛盾する事実に満ちているが、これは前世の宿業《しゅくごう》や来世の報応を考えてこそ、はじめて解決される問題である。もし善を行いながら禍報を得たり、悪を行いながら福果を得るというのであれば、われわれは果たしてなお堯舜周孔の道に依信することができるであろうか」と述べている。周公孔子の道といえども、仏教の三世報応の説の裏づけを得ることによって、はじめて実行可能のものとなるのである。

また梁の皇侃《おうがん》は、その著の『論語義疏』で「未知生、焉知死（未だ生を知らず、焉《いずく》んぞ死を知らんや）」に注して、「外教に三世の義なきこと、この句に見えたり。周孔の教は、ただ現在を説くのみにして、過去未来を明らかにせず」といい、三世の義を欠く儒教が仏教に劣ることを暗示している。また南斉の明僧紹《めいそうしょう》は、老子と仏教とを比較して、「それ仏は三世を開く、故に円応して窮《きわ》まることなし。老は生形に止まり、則ち教は淳を澆《うす》くするに極まる。在形の教は殊生を議せず、円応の化は爰《ここ》に物類を尽くす所以なり」と述べ、やはり三世を説く仏教の優位を主張している（正二教論）。さらに『文心雕龍《ちょうりょう》』の著者であり、のちに出家した梁の劉勰《りゅうきょう》は、いちおう老子の深義を認めながらも「然れども三世、紀《しる》すなく、慧業聞こゆるなし。これ乃《すなわ》ち導俗の良書なるも、出世の妙経に非ざるなり」といい、やはり三世の教が卓越することを説いている（滅惑論）。このような例を一々あげるまでもなく、この時代の仏教論争を集めた『弘明集《ぐみょうしゅう》』などを見れば、いかに当時の知識人が三世報応の説に魅せられたか、そしてそれを仏教の根本義として信じていたかが、うかがわれるであろう。

この三世報応の説は、いいかえれば輪廻説のことである。輪廻の思想は、仏教の生まれる以前からインドにあり、しかも現在なおインドに根強く残っている思想である。人生を苦とみるインド人にとっては、この人生が一度の死によって終わらず、転生しつつ未来永劫にわたって苦しみを続けなければならないということは、思うだに恐ろしい事実であった。この輪廻の悪循環から、いかにして脱出するか、いいかえれば「解脱《げだつ》」するかが、インドのあらゆる宗教の出発点であった、といわれている。仏教もまた、この輪廻からの解脱を説く一つの宗教にほかならなかった。したがって輪廻説なるものは、仏教のモノポリイではなく、いわんやその発明によるものではない。むしろ、それは超克すべき課題として、あらかじめ仏教の前にあたえられたものであった。

もしそうだとすれば、輪廻説・三世報応説は、仏教の根本義であるどころか、その初学入門の域にある理論にすぎないことになろう。それにもかかわらず、六朝の士大夫がここに救いを求めたのはなぜか。それは誤解や理解の浅さによるとは言いきれないものがある。なぜならば、この輪廻転生の説が儒教や老荘によって未解決のままに残されていた課題、道徳と幸福との矛盾の問題を、一挙に解消するものであったからである。仏教にとっては初学入門の理論でしかないものが、ここでは最大の福音をもたらすものとなったのである。

それにしても、この歴史的な過程を通じて、インドの人生観と中国のそれとが、まったく正反対の方向にあることがうかがわれるであろう。インド人にとって輪廻転生の説は「せっかく死んでも、また苦しい人生をくりかえさなければならぬ」という恐怖の対象となった。ところが中国人は、これを「いちど死んでも、また生きられる」という福音として受け取った。そこに、人生を本質的に苦と見るインド思想と、人生を楽しかるべきものと見る中国思想との、あざやかな対照を発見することができよう。

中国思想における超越と内在

一

始めに、この論題を選んだ動機について一言しておきたい。この論題のテーマそのものに関心を抱いたことが主要な動機であることは勿論であるが、それと同時に、このテーマの解明については、固有の中国の思想ばかりでなく、中国仏教のそれをも参照することが必要であると考えたからである。従来、わが国での中国思想史の研究では、仏教を無視するか、軽視するかの、いずれかの傾向が強かった。しかし、中国仏教も中国人の思想の営みの上に築かれたものである以上、これを中国思想史の研究から除外することは明らかに不当である。このような従来の偏向に対する反省に幾分なりとも役立つのではないかというのが、この論題を選んだ一半の理由になっている。

明治いらい刊行された中国哲学史の概論書は、仏教史を除外するのが普通であり、その傾向は今日にも及んでいる。このような傾向を生んだ理由は、一つには仏教が中国人にとっては外来の宗教であること、また一つには仏教の研究は別個の研究分野として独立しているのであるから、いちおう中国哲学の研究とは切り離すべきだ、という考え方があったためと考えられる。

これにはそれなりの理由があることであり、また仏教についての専門的な知識を持たない中国哲学専攻者にとっては、やむを得ないことでもあった。

しかし、その結果として中国思想史にいろいろな歪《ゆが》みを生じたことは否定することができない。その最大なものの一つとして、従来の中国思想史の概論書では、六朝隋唐七百年間の部分が、ほとんど空白といってよいほど、叙述の内容が貧弱になっている事実があげられる。むろんまったくの空白ではなくて、この時代に盛んになった老荘思想や、儒学内部での訓詁学《くんこがく》の発達などが述べられている。しかし、その叙述の内容に思想的な要素が乏しいことは否定できない。それは無理もないことであって、この時代の知識人の思想的な関心が仏教に集中していた結果なのである。

漢代四百年と六朝隋唐七百年の時代とを比べてみると、そこに大きな相違がある。漢代では、文化の担当者である知識人は官吏・政治家としての性格が強かったが、六朝隋唐では、官吏の身分を保ちつつも、門閥貴族の性格を強めて行った。この知識人の性格は、そのまま文化・思想の性格の変化となって現れる。漢代の思想には政治的色彩が強く、したがって政治・道徳の学である儒学が全盛を極めたが、六朝時代に入ると儒学が衰退し、これに代わって老荘の学が流行し、ついで仏教の全盛期に入る。これは知識人が貴族化したことによる。政治意識の乏しくなった六朝貴族は、政治や道徳の問題よりも、より人間味の豊かな文学・芸術・宗教の世界に生きがいを見出そうとする。これが六朝および隋唐を、文学芸術と、そして仏教の黄金時代ならしめた最大の理由であろう。

したがって六朝隋唐の時代の思想界の中心となったものは仏教である。この事実を無視し、または軽視した従来の中国哲学史が、六朝隋唐の部分で空白の状態に陥ったのは当然であったといえよう。

二

そこで本題の「超越と内在」の意味であるが、人間にとっての最高の原理とされるものが、人間の外に（あるいは上に）置かれるか、それとも人間性の内に置かれるか、を問題にするものと理解していただきたい。

中国民族にとって古くから最高の原理とされてきたものは「天」であった。それだけに天の崇拝の起源については、多くの仮説が提出されてきた。あるものはこれを自然崇拝に求めるなど、さまざまであった。しかし、それらの諸説に共通する点は、その起源を中国民族の内部に求めることである。つまり内部起源説である。これに対して、最近ではその起源を中国民族以外の、遊牧民族におく説が有力になってきている。

故石田英一郎氏の「天馬の道」（昭和四十五年文芸春秋社刊『人間と文化の探求』所収）は、文化人類学における諸研究を紹介し、中国人の天の崇拝が、北部一帯にすむ遊牧民族の信仰の系統をひくものとする説を主張した。これによると、天の崇拝は、ユーラシア大陸の東端から西端に至るまでの草原・砂漠の一帯にすむ遊牧民族に共通して見られるもので、ユダヤ教、キリスト教、イスラム教などに見られる天上の唯一神も、したがって中国人の天の崇拝も、この系統をひくとする仮説が有力になっているという。

そういえば中国の古代にも、この仮説に対応するような事実が見出される。それは、西暦前十一、二世紀頃までの中国の文献には、天の崇拝の存在を示すような資料がまったく見あたらないことである。この頃まで続いた殷の王朝の文献である殷墟の卜辞《ぼくじ》には天の文字が現れないので、殷代までは中国には天の崇拝が存在しなかったという説が有力である。天の崇拝が強調されるようになるのは、この殷の王朝を滅ぼしてこれに代わった周の王朝からである。

ところが、この周の王朝は、もとからの農耕民族ではなく、元来は遊牧民族であった可能性が強い。『史記』周本紀によると、周の祖先の后稷《こうしょく》は舜帝の時に功績を立てたが、その子の不窋《ふちゅつ》は官を失って戎狄《じゅうてき》の間に走った。その後、子孫は十代ほどにわたって戎狄の地に住んでいたが、古公亶父《たんぽ》の世になり、はじめて長安の西北方の岐山の地に移住し、従来の夷狄の風俗を廃して、始めて城郭や家屋をつくり、村落の制度を設けて、定住の生活に入ったという。この古公亶父の孫が、すなわち周の文王である。この『史記』に載せられた伝説は、部分的には『詩経』や『書経』などにも見えており、おそらく古い伝承をもつものであろう。もしこれを事実とすれば、周の王朝は中国の西北部から侵入した遊牧民族によって建てられたものであり、天の崇拝もその時にもたらされたものと見ることができよう。

このように天の崇拝の起源については、さまざまの説があるものの、天が宇宙を支配する最高神として、万物に秩序をあたえる主宰神として信じられていたことには間違いはない。したがって、それが人間の上にある、もしくは外にある超越的な存在として考えられていたことは確かである。同時に、特に『書経』に顕著に現れているように、天は人間の善悪の行為にたいして激しい喜怒の情を示し、賞罰をあたえる神であって、人格をそなえた神でもあった。すなわち周初の天の神は「超越的な人格神」であったのである。

ところが、そののち春秋戦国の時代に下るにつれて、天の人格神的な形態がしだいに薄れてゆき、ついには天空そのものに近い非人格的な神に転化してゆく現象が見られる。このことに気づいた本居宣長《もとおりのりなが》などは、「から人の、何につけても天々といふは、神あることをしらざる故のひがことなり。天は、ただ神のまします国にこそあれ、心も、行ひも、何も、ある物にはあらず。……万物の生育するも、みな神の御しわざなり。天地は、ただ、神のこれを生育し給ふ場所のみなり。天地のこれを生育するにはあらず」（『玉勝間』十四の巻）といっているが、確かに神道のように超越神を中心にする立場から見れば、天は神ではなくて、神のすむ場所の名といった印象を与えるのであろう。

しかし天が非人格化して行ったのは、「場所化」といった方向へではなく、「法則化」「理法化」という方向へであった。『論語』陽貨篇に「天何言哉、四時行焉、百物生焉、天何言哉」（天何ぞ言わんや、四時行《めぐ》り、百物生ず。天何ぞ言わんや）という言葉がある。その意味は、天は人間のように言葉を出して命令する存在ではない。つまり人格をもつ神ではない。そうではなくて、四季の循環や万物の生成という自然現象に内在する法則そのものが天にほかならない、というのである。つまり孔子の時代、春秋時代末期の前五世紀の頃には、天は人間の世界から超越した人格神の性格を失い、人間の世界に内在する法則・理法となっていたのである。それは単に天とよぶよりも、これを「天道」とよんだ方が、よりふさわしいものになっていた。

このように天がその人格性を稀薄にするにつれて、逆に自然現象に内在する法則としての性格が強くなったが、それと同時に天は人間のうちに内在する本質——性として考えられるようになった。たとえば『中庸』に「天命之謂性、率性之謂道」（天命これを性と謂《い》う。性に率《したが》うこれを道と謂う）とあるのは、天が人間に命じ与えたものが性にほかならないというのである。「天性」という語は『書経』『孟子』などを始めとする諸書に見え、漢代にはひろく一般に用いられるようになるが、この語は、人間の性が天からあたえられたものであり、というよりも「性とは人間の内に入りこんだ天そのもの」であることをしめすといえよう。つまり性とは「人間のうちに内在する天」である。

それでは、天は非人格的存在となるとともに、本来の超越的な性格をまったく失い、完全に自然や人間のうちに内在化してしまったかといえば、それは必ずしもそうではない。天は内在化の傾向を強めながらも、他面においてはやはり超越的な性格を存続させていたのである。それはほかでもなく「天命」の思想である。

天命という熟語の本来の意味は、この言葉の構成から考えると、人格神である天の発する命令という意味であったはずである。事実またこの原義通りに用いられた用例もないではない。しかし多くは人間を越えた、ある漠然とした力、いいかえれば「運命」を意味する。『論語』だけについてみても「死生有命、富貴在天」（死生命有り、富貴天に在り）（顔淵篇）、「道之将行也与、命也。道之将廃也与、命也。公伯寮其如命何」（道の将《まさ》に行われんとするや、命なり。道の将に廃《すた》れんとするや、命なり。公伯寮其れ命を如何せん）（憲問篇）といった用例が見られる。その場合、運命を主宰する神は天帝であるはずであるが、すでに天は人格神としての性格を稀薄にしてしまっているために、その主宰神としての資格を失っている。そのため運命には主宰者がなく、ただ漠然たる必然の力として受取られるのが普通である。

このように天命は運命の同義語として用いられるようになったが、しかしこれとは別の意味に、すなわち天よりあたえられた「使命」の意味に用いられる場合もある。このため『論語』の「五十而知天命」（五十にして天命を知る）（為政篇）についても、古来この天命を運命と使命とのいずれかとする二つの解釈が対立し、今日に至るまで未解決のままに残されている（拙著『上古より漢代に至る性命観の展開』）。これは天命が時により「使命」の意味をもつことをしめすものであり、つねに「運命」であるとは限らない。

かように運命と使命の両義をもつとはいうものの、天命が人間を外から、あるいはその上から支配するという超越的な性格をもつ点では変わりがない。これに対して性、天性は、人間の内部にあってその行動の源泉となるものである。前者が超越的であるのに対して、後者はあくまでも内在的である。この天の超越性と内在性とは、中国の思想史を通じて並存しつづけてきたといってよい。

ただし、並存したといっても、その間に勢力の優劣の差がなかったわけではない。全体としては、何としても内在的な方向、すなわち天を人間のうちに内在する性とする方向が優勢を占めたことは否定しがたい。これは中国思想を形成していたのが儒家思想であったことによる。儒家に対立する道家の思想では、天を超越的な運命として捉える方向が強かったが、儒家では孟子の性善説の提唱いらい、性に対する強い関心がその伝統となった。孟子にとって性とは人間に内在する天であり、その天が神聖な存在である以上、人間の性も善以外の何者でもありえないのであった。逆にいえば、性善説は性を人間に内在する天とする思想の必然的な帰結であったといえる。この孟子の性善説の方向は、後世の宋学、朱子学に至るまで、本質的には変わることがなかった。朱子学においても人間の性は気質の性をふくみながらも、その本然の性においては理であり、善そのものであった。結果において、中国思想史の全体を通じて、内在的な方向が圧倒的に強かったといえよう。

もっともこのことには注釈を必要とする。この場合、中国思想史というのは、あくまでも中国の知識階級の思想史であって、民衆の思想史とは関係がないということである。中国の民衆は、古い民間信仰や、それを組織体系化した道教の信仰に見られるように、多神教的な傾向が著しい。多くの神格の存在を認めるということは、人間を越えた存在を信ずるということであり、それだけ超越的な傾向が強いことを意味する。

これとは逆に、中国の知識人の思想に内在的傾向が支配的であるというのは、かれらが超越的な神格の存在を信ぜず、汎神論的ないし無神論的傾向を強くもつことと、表裏の関係にある。この知識人と民衆との間にある思想的な断層は、いずれの民族の間にも程度の差はあるにしても見出されるのであるが、しかし中国におけるほどはなはだしいものは他に例を見ないといってよいであろう。これは中国特有の社会事情によるものであり、マックス・ウェーバーが中国文化の二重構造とよんだものである(『儒教と道教』)。この二重構造の性格は、中国仏教の歴史の流れにおいても、より明らかにその姿を現すであろう。

三

仏教が中国に西域を通じて伝来したのは、一般に西暦一世紀の始め、後漢の初期であるとされている。しかし伝来初期の仏教は、おそらく中国に帰化した西域人を中心に支持されていたものであり、中国人、特にその知識階級に属する人々は、仏教に対してほとんど無関心であった。その原因の第一は、かれらには中華意識が強く、中国人の精神生活を支えるものとしては儒教や老荘思想があったことにある。第二は、漢代の知識人は官吏・政治家としての意識が強く、したがってその関心は現実の政治に向けられ、仏教のような永遠を問題とする宗教にはきわめて冷淡であったことである。このため仏教は中国に伝来しながらも、後漢二百年間、二世紀の終わり近くまで、いわば凍結状態のままで過ぎることになった。

ところが三世紀の始め、後漢が滅びて三国時代に入り、次いで西晋による天下統一が実現する。いわゆる六朝時代の始まりである。この時代に入って中国の知識人の世界観に根本的な変化が生まれた。それは官吏・政治家としての性格が強かった漢代の知識人が、六朝に入るとともに門閥貴族としての性格を著しくもつに至ったことである。当然そこには世界観の変化が生まれる。官吏・政治家は国家や家族という集団を、いかに導くかという政治や道徳の問題に関心を集中するが、貴族はこれに反して政治や道徳の問題よりも、より人間味の豊かな文学・芸術・宗教などの、プロパーの意味における文化の世界に強い関心をもつようになる。そのことは、たとえばわが国の平安貴族が文学・芸術や仏教信仰に心を奪われたことなどによっても明らかである。六朝の貴族化した知識人が文学・芸術を熱愛するとともに、宗教的なものに対する憧れをもつようになったのも当然であろう。その具体的な現れは、六朝期に入って老荘思想が歓迎され、異常な流行を見せたことである。当然、仏教もまた知識人の関心をひくはずであった。

しかし六朝の西晋期（二六五〜三一六）に入っても仏教が中国の知識人の関心ないし信仰を集めた形跡は、まだほとんど認められない。それは六朝時代に入っても、その初期の百年間は、まだ知識人の中華意識が健在であったためであって、結局、仏教は後漢の二百年間を合わせて、実に三百年間の冬眠を余儀なくされたのである。

ようやく西晋末の永嘉年間（三〇七〜三一二）に至って五胡十六国の乱が起こり、西晋の帝国は滅び、文化の中心地である華北一帯は夷狄部族の支配下に入り、中国人の王朝は江南に移るという、いわゆる永嘉の乱を経ることによって、中国人の夷狄観にも微妙な変化が現れた。夷狄が単にその武力ばかりでなく、文化の面でも侮《あなど》りがたい実力をもつことを認めざるを得ない機会が多くなった。これが中国知識人の仏教観を改めさせる大きな機縁となる。しだいに仏教の教義に興味を覚え、これに関する自己の見解を発表し、討論を重ねることが一つの流行とさえなった。三百年間も凍結されていた仏教は、この永嘉の乱を境として、まさに大河の堰を切ったかのように、奔流となって中国社会の上下を押し包んでいったのである。

その際、中国人は仏教の教理のうちの、どのような点に心をひかれたのであろうか。一つは哲学的な問題であり、仏教、とくに大乗仏教の根本義である「空」が、六朝人に馴染み深い老荘の「無」と共通する点をもつところから、無を通じて空を理解しようとするもので、いわゆる格義仏教なるものがそこに成立した。いま一つは、これも哲学的世界観に発展しうる問題ではあるが、同時に民衆にも理解されやすい一面をもつ輪廻説であり、三世報応説であった。これは二つの点で中国人にとって革命的な意義をもつ教説である。第一点は、人間は現世のみでなく過去の生、来世の生をもつという三世説を教えたこと、第二点は、前世における自己の善悪の業が、現世における自己の禍福となって現れること、さらには現世の善悪の業が、来世の禍福をもたらすという報応の説を教えたことである。いずれの説も中国人にとっては未知のものであったばかりでなく、従来の儒教の理論では説明できなかった「道徳と禍福の対応」の問題に、見事な解決をあたえるものであったから、知識人と民衆との区別なく、この三世報応の説に絶大な関心を抱くようになった。

このように六朝の東晋期以後は、知識人も民衆も共に仏教を受容するようになるのであるが、両者の受容の仕方そのものには、おのずからなる相違が見られる。いま、両者の相違に注目してみよう。

いうまでもなく知識人は民衆よりも抽象的な理論を理解する点において格段に優れている。仏教受容の最初に現れた「空」の理論は、主として般若経典にもとづいたものであるが、これに次いで盛んになったのは涅槃経典にもとづく仏性論である。その論の中心は、人間のうちに仏としての性、仏となりうる可能性が存在するか否かの問題であった。この問題は、中国の知識人にとっては馴染み深いものであったといえる。それは前述したように、孟子が性善説を唱えてより以来、性の善悪の問題が儒学にとって重要な意味をもつものとなっていたからである。性善説は天の神が人間のうちに内在することを意味するが、仏性論は仏が人間のうちに内在することを主張するものともいえよう。両者は、その最高原理が人間に内在することを説く点で一致するのである。

その後、六朝末から隋唐時代にかけて、天台宗・華厳《けごん》宗・法相《ほっそう》宗・倶舎《くしゃ》宗などの多くの宗派仏教が興ったが、それらの諸宗は、必ずしも仏性が人間のうちに存在するという内在論に力点をおくものではなかったが、しかもなお真理が人間の理性によって把握できるものとする点において、内在論的な方向をとるものであった。裏からいえば、それらの諸宗は、人間から超越した人格神としての仏の信仰に重きをおかなかったという意味において、内在論的であった。

そして、このような中国諸宗の仏教のもっていた傾向は、実は原始仏教のそれに近いといえるのではないか。もともと仏教は悟りによる解脱、知慧による救いを究極の目的とするものであり、他の多くの宗教のように超越的な神格による救済を期待するものではなかった。釈迦自身ですら、そのような救済神として祭られることを拒否し、そのため釈迦の像さえも作られなかったほどである。

しかしこのような、いわば無神論にも似た哲学的宗教は、あくまでも知識人向きであって、民衆の間にひろく受けいれられる可能性に乏しいといわなければならない。

古代のインドにおいても、バラモン教の多神教的な傾向に馴れてきた民衆にとって、このような性格をもつ仏教を受容することはきわめて困難であったに違いない。そこに民衆向きに改造された、いわゆる大乗仏教が生まれる必然性があった。

大乗仏教が、それ以前の仏教と異なる点は多岐にわたるけれども、その一つは仏教に多神教的な色彩をもたせて、民衆の要求を満たすということであった。このようにして大乗仏典には、それ以前の仏典には姿を見せなかった阿弥陀仏や阿閦《あしゅく》仏、弥勒《みろく》仏（菩薩）をはじめとする諸仏、観世音《かんぜおん》・文殊師利《もんじゅしり》などの諸菩薩が現れたばかりでなく、バラモン教の神々も仏教の守護神として迎えいれられた。その結果、従来は超越的な人格神をもたなかった仏教が、多神教的な側面をもつようになった。それは仏教が大衆性を得るためには避けることのできない歴史的変化であったといえよう。

インドにおいてさえ、このように大乗仏教が多神教的な側面をもつようになり、弥陀・弥勒・薬師・観音といった仏菩薩の信仰が生まれてきたほどであるから、まして多神教的色彩の強い民俗信仰を奉じてきた中国の民衆を対象とする場合、仏教がどのような方向を選ぶかはおのずから明らかであろう。

この諸仏の信仰のうち、最も早く中国の史料のうちに現れたものの一、二をあげるならば、まず弥勒仏の兜率天《とそつてん》往生を願った道安（三一四～三八五）の例がある（『高僧伝』)。またその弟子の釈曇戒は、病が重くなったとき、つねに弥勒仏の名を唱えたが、その弟子が不思議に思い、「なぜ(弥陀の)安養土に生まれることを願わないのですか」とたずねたところ、「わしは道安和尚等八人と共に兜率天に生まれる願をかけた。和尚たちはみな往生したが、わしだけはまだ往けないから、このように願をかけるのだ」と答えた(同上)。この話は、南北朝初期の北朝において、弥勒仏の兜率天往生の信仰とともに、それ以上に弥陀仏の西方浄土往生の信仰が盛んになりつつあったことを示している。現に、同じく道安の弟子で南朝仏教の最高峰となった慧遠《えおん》(三三四〜四一六)も、その居を定めた廬山《ろざん》の般若雲台精舎の阿弥陀像の前において、当時の一流知識人をふくむ百二十三人と共に、念仏の結社を創設したという、いわゆる白蓮社《びゃくれんしゃ》念仏の故事はあまりにも有名である。この道安といい慧遠という、知識人出身の第一級の高僧が、仏教の哲学的、理論的な追求だけに満足できないで、弥勒仏や弥陀仏といった超越的人格神である仏の存在を信じたということは、注目すべき事実である。いわんや、理論的な理解力の乏しい民衆が、ひとえに人格神としての仏菩薩の信仰に走ったとしても不思議はないであろう。

このようにして中国の仏教は、専門家である僧侶、およびこれを支持する知識階級の間では、主として哲学的理論を基礎とした研究や実践が行われたが、民衆の間では専ら仏菩薩の救済を求める宗教としての仏教が行われた。別の表現を用いれば、知識人の仏教には内在論的な性格が強く、民衆の仏教には超越論的な色彩が濃厚であったといえよう。

もっとも、このような知識層と大衆層との間に見られる分化は必ずしも中国特有の現象ではなく、いずれの民族の間にも見られるものではあるが、前にも一言したように、それが中国においては特に顕著であることに注意する必要がある。たとえば、これを日本の平安朝と比較してみよう。平安期は呪術的な信仰が盛んな時代であり、仏教のうちでも密教が圧倒的な勢力をもった。上層の貴族、文化人も、民衆と同様に祟《たた》り神《がみ》や怨霊を恐れ、その信仰形態において知識人と大衆とは同質であり、その間に大きな隔たりを見出すことはできない。これに反して中国では、六朝隋唐という知識人が貴族化した時代においてさえ、この階層の人々の間では『論語』の「鬼神を敬して之を遠ざく」という合理的精神は健在であった。かれらは平安朝貴族のように庶民と同質の神仏信仰を抱くものは稀であり、したがって超越的な神格を信奉するよりも、より多く理性の射程距離の内にある内在的な「悟り」を求める方向にあった。

この中国の特別な事情、つまり知識人層は内在論的な立場をとり、一般庶民は超越的な神仏の存在を信ずるという、二極分化の現象を端的に示すものは、唐末以後の中国仏教の在り方にほかならない。いま、その経過を簡単に述べてみよう。

六朝隋唐の時代には、仏教は目ざましい展開をとげ、すべての宗派仏教が出そろった。ところが唐末に近い武宗の会昌四、五年（八四四、八四五）に大規模な排仏事件が起こり、天下の寺院の大小合わせて四万五千を破却し、僧尼二十六万人を還俗させた。これが会昌の排仏として世に知られるものであるが、それは排仏事件として最大の規模であったばかりでなく、それが仏教にあたえた後遺症の大きさにおいても注目される。その後遺症とは、唐代まで栄えた宗派仏教のほとんどが致命的な打撃を受けたために、ふたたび立ち上がることができない状態に陥り、ひとり禅宗だけが隆盛に向かうという事態を招いたことである。

会昌の排仏により、それまで朝廷や民間の富豪によって財政的な保護を受けていた仏教諸宗は、一切の財産や特権を剝奪され、もはやなすべきすべもないほどに気力を失った。ひとり禅宗だけは、むろん国家や富豪の保護を受けるものもあったが、大部分は山間の地を自力で開拓し、集団で自給自足の生活を営んでいたから、会昌の排仏の影響も他宗ほどには深刻に受けなかった。間もなく武宗が崩じて会昌の排仏も終わると、禅宗は排仏によって生じた仏教の空白を埋めるために、旧に倍する勢いでひろがった。禅宗以外の諸宗は、すでに意欲も気力も喪失した状態にあり、加うるに唐が亡びて五代五十年の乱世が続いたために、ついに再び立ち上がることがなかった。十、十一世紀の宋代に入れば、仏教といえば禅宗だけの独壇場であったといっても過言ではない。ただ天台宗だけは宋代に入っても復興の兆を見せたが、それも禅宗の勢力には比すべくもない。この禅宗だけの独走状態は、宋以後の元明清と時代が下るにつれて、いよいよ甚だしくなり、すべての寺院が禅宗を名乗るようになったから、宗派が消失したのと同然の結果をもたらした。

なぜこのような結果になったのか。それは禅宗が、あらゆる点で最も中国の知識人向きの性格をもっていたからである。第一に、禅宗は不立文字《ふりゅうもんじ》というように理論を重んじない。真理を把握するのは、論理ではなくて、体験的直観である。この認識論は、中国の知識人にとって、まさに打ってつけのものであった。中国人はもともとインド人とは異なり、精密で煩瑣《はんさ》な論理が得意でもなく、好きでもない。それでも隋唐の諸宗成立の頃には、中国僧もかなり無理をして論理を推し進めたが、そのうちに論理を無視する禅宗が有力になり、唐末の武宗の排仏を契機として禅宗が全仏教界を支配することになった。つまり禅宗は中国人の体質に最も適合した仏教であって、これが宋元明清の一千年間にわたり、禅宗の独走を許した根本的な理由である。

ところで禅宗は、大乗仏教の中でも特に内在的な立場をとる代表的な仏教である。

いかなる人間も、自己の心の内に、仏性、仏心を秘めている。この仏心を坐禅によって把握することが、悟りであり、成仏であるという。いわゆる「見性成仏《けんしょうじょうぶつ》」の説がこれである。このため禅宗は一名を「仏心宗」とよばれる。いいかえれば、仏はわが心の内にあるのであるから、仏の偶像を拝したり、経典を読誦《どくじゅ》したりする必要はない、というのが禅宗本来の立場である。唐代までの禅宗には、このような傾向が強かった。

しかし、このように全盛を極める禅宗にも、一つの泣きどころがあった。それは禅宗が知識人には歓迎されても、一般の民衆には、そのままのかたちでは理解受容されることがきわめて困難だということである。人間の心の内に仏があるとか、それを悟るためには坐禅をはじめとするさまざまな修行を必要とするといった教えは、とうてい農民や商人に向いているとはいえない。これは日本の禅宗についてもいえることであって、曹洞宗が東西両本願寺に次ぐ大勢力に育ったのも、本来の禅宗の教義によるのではなくて、加持祈禱や先祖供養のための葬式や法事に主力をおいたためであった。臨済宗の代表的勢力である妙心寺派が民衆の間にひろがったのも、曹洞宗とまったく同じ理由による。禅宗が知識人ばかりでなく民衆の間にひろがるためには、禅宗ならざるものによることが絶対に必要である。中国の禅宗の場合においても、事情はまったく同じであった。

それでは、宋元明清の仏教界を独占した禅宗は、いかにして民衆の信仰をつなぎとめることに成功したか。それは、ほかでもなく、禅のうちに念仏を取り入れ、いわゆる「念仏禅」の形態をとることであった。

はじめ浄土信仰は六朝末から隋唐にかけてしだいに盛んになり、曇鸞《どんらん》・道綽《どうしゃく》・善導といった浄土教の専門家を出すとともに、他方では天台宗や華厳宗の人々の間にも理解者や同調者を得るようになった。しかし唐の前期からしだいに有力になってきた禅宗は、容易に浄土教の主張を認めようとはしなかった。この頃出た慧日（六八〇〜七四八）の『往生浄土集』によると、当時の禅徒は浄土教がこの世と浄土の相対差別の邪見に陥っていることを指摘し「ただ心を浄《きよ》からしめば、この間即ち是れ浄土なり。何の処にか別に西方浄土あらん」と批判したという。これは『維摩経』の「心浄土浄」（心浄ければ土浄し）という考え方に基づいたものである。同じく禅宗的な唯心論である「見性成仏」の考え方からは、心の外に超越する神格としての阿弥陀仏の存在を認めず、「唯心浄土、自性弥陀」を主張し、あるいは「己身《きしん》の弥陀」すなわちわが身心の内にある仏性としての弥陀のみを認めるのが普通であった。このような浄土や弥陀の見方は、天台宗などにも見られるが、しかし特に禅宗において著しく現れている。これは一応、浄土教を認めているかのように見えるが、しかし実はその信仰を否定することになりかねないものである。なぜなら、それは超越的人格神としての弥陀仏を認めないからである。

かように唐代の禅宗は、全体として浄土教に対して非同情的であったが、唐が滅びて五代、宋に入り、諸宗融合の機運が動くとともに、禅浄の双修を実践するものが多く現れるようになった。その第一声を放ったのは、ほかならぬ五代の永明延寿（九〇四〜九七五）である。

延寿は禅宗の一派法眼《ほうげん》宗の第三祖である。彼は従来の唐の禅宗がその本来の立場を純粋に守ろうとするあまり、誦経《ずきょう》や礼拝《らいはい》を行わないのみか、戒律さえも無視する傾向があったことを批判し、禅宗といえども仏教において必要とされている万善は奉行しなければならないことを強調した。その万善の中でも、彼が特に重んじたのは念仏であった。それは厳しい坐禅修行を行う能力のない一般の中根下根《ちゅうこんげこん》の人にとっては、念仏が唯一の救いに至る道であり、悟りの境地である浄土に往生する道であったからである。

延寿には参禅念仏四料揀《しりょうけん》の偈《げ》があるが、その中で彼は「禅だけで浄土のない者は、十人のうち九人まで路を誤るのであるが、禅がなくて浄土だけの者は、例外なく弥陀に会うことができ、悟りを聞くことができる。禅もあり浄土もある者は、あたかも角を戴く虎のようなもので、現世では人師となり、来世では仏祖となることができる。禅もなく浄土もない者は、永劫の地獄の苦しみを受ける」という意味のことを述べている。そのうちでも「有禅有浄土、猶如戴角虎」、すなわち禅と念仏という、それぞれに優れているものの双方の長所を合わせれば、それこそ鬼に金棒だという一句は、念仏禅の立場をしめす金言として永く後世まで伝えられた。

この延寿の禅浄双修論において、注目すべきことが二点ある。その第一点は、彼が禅僧の例にもれず、唯心浄土、己身弥陀の立場を採っていることである。禅宗は仏心宗として特に内在的な傾向が強い宗派であるから、超越的な存在である西方浄土や弥陀如来を認めることが困難であった。しかし延寿は、根本的には唯心浄土の立場にありながら、他の禅僧のように西方の浄土をまったく否定したのではなく、やはり弥陀の浄土への往生を願わなければならないと説いた。この、ある意味では矛盾をふくみ、一貫性を欠いた立場は、延寿の立場であるとともに、また後世の念仏禅の徒のそれでもあった。この意味でも、延寿は後世の念仏禅の祖師であったといえよう。

第二点は、念仏は下根の大衆向きの教えであるとしていることである。これは唐の善導がすでに唱えたところではあるが、これを禅僧でありながら是認し、しかも積極的に禅宗のうちに取り入れたところに、延寿の果たした画期的な役割がある。さきにも述べたように、禅宗は知識人向きであっても、大衆向きではない。禅宗がその大をなすためには、何としてもこの欠陥を補う必要がある。そこに迎え入れられたのが浄土教の念仏であった。浄土教は唐の善導によって大成され、民衆の間に急速にひろがり、多くの念仏結社が形成された。それにもかかわらず、なぜか、それはいわゆる「宗」として形成されるには至らなかった。中国の宗は日本のそれとは異なり、排他的な集団ではなく、きわめて開放的な学派的な結びつきであった。しかし中国の浄土教の主体は民間の念仏結社にあったために、学僧の指導する「宗」には馴染まなかったのであろうか。念仏は天台宗・華厳宗・禅宗に寄生する「寓宗」として、いわば宿借り宗として、その修行の一部に取入れられているにすぎなかった。ところが延寿が現れるにおよんで、念仏は禅の欠陥を補う有力な手段として認められ、禅の修行の能力を好く大衆にとっては、念仏だけによって浄土に往生して悟りを開くことが保証されたのである。

もちろん念仏は必ずしも禅宗の助けを必要とせず、念仏結社などを通じて民間に盛大に流行していたのであるが、宋元以後、中国の寺院がすべて禅宗化したために、念仏が寺院との結びつきを持とうとすれば、いきおい念仏禅のかたちを採るほかはなかった。他方、寺院も禅宗によって知識人の支持を得るとともに、念仏によって一般大衆の信仰を集めるのが得策であったから、元明清の中国仏教がすべて念仏禅となるという結果をもたらしたのである。

この中国の念仏禅の身近な実例としては、宇治の黄檗山万福寺《おうばくさんまんぷくじ》の念仏禅をあげることができる。明末の隠元（一五九二〜一六七三）は江戸初期の四代将軍家綱のときに来日したが、中国では臨済宗に属していたにもかかわらず、日本では黄檗宗という新しい宗名を創作し、これを名のった。なぜか。それは臨済宗と名のったのでは、当時の日本の臨済宗、特にその代表的勢力である妙心寺などと同一視されることを恐れたからである。それでは中国の禅宗と、日本のそれとの間には、どのような相違があったのか。ほかでもなく、当時の中国の禅宗、明末の臨済宗が完全な念仏禅になっていたのに反し、日本の禅宗にはそれがなかったことである。

隠元の禅宗では、その法事において念仏を雑《まじ》えていて、念仏禅の性格が明らかに現れている。ただし、表面はあくまでも禅宗を標榜《ひょうぼう》し、隠元の語録などにも念仏についてはまったくといってよいほど触れていない。そのくせ在俗の信者が訪れたときには、もっぱら念仏を勧めるのがつねであった。ある人が不審に思ってたずねると、隠元は「禅のわかる能力のない人には、やむを得ず念仏を勧めることにしている。これは正に応病与薬というべきであろう」と答えている。黄檗宗には大名の帰依する者が多かった関係で、その妻女たちの間に百万遍念仏を唱えるものが少なくなかった。現に大和郡山の城主柳沢吉保の側室定子の念仏図絵が残されているが、それにはこの念仏図絵が二十一万八千枚印行された旨が記されている。これらの人は、専ら念仏の側面のみを受取った黄檗宗徒というべきであろう。つまり黄檗宗は、知識人には禅を、大衆には念仏をという、使い分けをしていたのである。

明清以後の中国の仏教といえば、すべてこの念仏禅一色であって、隋唐時代に栄えた仏教諸宗はすべて姿を消した。それは中国ばかりでなく、その近辺の地つづきである朝鮮やベトナムでもまったく同様である。ひとり日本においては、念仏禅はごく稀に行われたのみで、したがって仏教諸宗はそのまま並存した。今日、大乗仏教圏において念仏禅を行わず、隋唐以来の諸宗を保存しているのは日本だけであるといえよう。

四

中国の社会が知識人と一般民衆の分極という構造をもち、しかもその分極の程度が甚だしいために、二重構造の社会とよばれる場合があることは、すでに述べた通りである。この中国社会の二重構造は、同時に文化の二重性、とりわけ宗教的な世界観の二重性となって現れる。

それは知識人の儒教的汎神論的世界観——内在論的世界観と、民衆の道教的多神教的世界観——超越論的世界観との対立を生み出した。同時に、それは中国仏教における特殊な現象である念仏禅の支配をもたらすことにもなった。禅宗は絶対最高の原理である仏性を自己の心中に求める内在論の立場にあるのに対し、念仏は西方浄土にある弥陀仏に帰依する超越論の立場をとる。儒教と道教とは、それぞれ分立して発展を遂げたが、中国仏教の場合は、二つの立場が奇妙な合体を見せて、念仏禅という特異な形態を生むことになったのである。

（付記　本稿は昭和五十八年五月に、京都大学文学部の教室における会合での講演内容に整理を加えたものである）

中国における空の思想

一　空についての論議を準備した時代背景

中国での般若《はんにゃ》の空義についての論争が行われた歴史についてみると、これを三期に分けることができる。

その第一期は、後漢末いらい漢訳されてきた般若経典を根拠とする空の解釈と、老荘の無の思想とが交流した東晋（三一七〜四二〇年）の時代である。

第二期は、鳩摩羅什《くまらじゅう》の来朝とともに、般若経典の新訳と三論の訳出が行われ、空義の解釈に画期的な転換が現れた時期である。その代表的な人物は、僧肇《そうじょう》（三八四〜四一四）にほかならない。僧肇は、従来の人々が多く老子を通じて空義に接近しようとしたのに反して、般若経典そのものに即すると同時に、荘子の万物斉同の思想を通路とすることに成功した。

第三期は、僧肇のあと、仏教界の関心はしだいに般若経を離れて、涅槃経の仏性論に向かった。しかし梁の武帝（在位五〇二〜五四九）の頃から、ふたたび般若経への関心が高まり、隋の嘉祥大師吉蔵《きちぞう》（五四九〜六二三）の三論宗が成立するまでの時期である。この第三期についても論及すべきことがないではないが、ここではしばらく割愛することにした。

東晋時代の空の論議を述べるに先立って、その依拠となった般若経典の訳出の過程を概観しておきたい。

般若経のうち、その基本的な形をしめす『八千頌般若経』は、西暦前一〇〇年から後一〇〇年に至るころにインドで成立したといわれるが、これが二世紀末に西域を通じて中国に伝えられた。その最初に漢訳されたものは、後漢の霊帝の世に都の洛陽にきた月氏国の僧の支婁迦讖《しるかせん》が訳した『道行《どうぎょう》般若経』である。その訳出の時期は、一七八年から一八九年の間と推定される。また、これとほぼ同時期に天竺僧の竺仏朔《じくぶつさく》も洛陽に梵本の『道行般若経』をもたらし、これを漢訳している。

後漢のあと三国時代に入ると、南方の呉において月支人で帰化僧である支謙が、また『道行般若経』を訳出した。その時期は二二四年から二五三年の間とみられている。

北方の三国魏においては、敦煌郡に父祖の時代から移住していた月支人の竺法護《じくほうご》があり、のち長安に移って、西晋の太康五年（二八四）に『光讃般若経』を訳出した。従来の『道行般若経』が八千頌本であったのに対して、これは二万五千頌本である。竺法護は世に敦煌菩薩の名を得たほどで、その門下からは多くの人材が出たが、その訳の『光讃般若経』そのものは、その流布した地が西北部に偏していたためか、さほど世に行われなかったようである。

この竺法護とほぼ同時期に、中国人最初の出家者とされる朱士行があらわれた。彼ははじめ竺仏朔訳の『道行般若経』を講じていたが、経文が簡略で難解なのを嘆き、ついに正本《しょうほん》を求めて西域への旅行を試みた。于闐《うてん》国に達したとき、その地で九十章の般若経の梵本を手に入れ、これを弟子に托して洛陽に持ち帰らせた。朱士行その人は于闐で没したが、その梵本は西晋の元康三年（二九三）に、天竺僧の竺叔蘭《じくしゅくらん》によって漢訳され『放光般若経』と名づけられた。これが、さきの竺法護訳の『光讃般若経』の同本異訳であり、したがって二万五千頌本である。

東晋時代の空論の根拠となったものは、主としてこの竺叔蘭訳の『放光般若経』であったといえよう。

東晋時代に中国人の僧や知識人が般若の空に異常なまでの関心をよせた有力な原因

の一つは、それが老荘の無に一脈相通ずるものがあったためである。それではなぜ東晋をふくむ六朝時代に老荘思想が流行したのか、その背景となった風潮について一言しておく必要がある。

六朝に先立つ漢代四百年間は、儒教の全盛時代であった。漢代の知識人・士大夫は官吏・政治家としての意識が強かったが、それは同時に治国平天下を究極の理想とする儒教の精神と合致するものであった。一口にいえば漢代文化は政治文化であった。後漢の初期に伝来した仏教が、その後二百年間を通じて、ほとんど凍結の状態におかれたのも、漢代人が本質的に政治的人間であり、宗教的関心を持たなかったところに、その根本的な原因があった。

ところが後漢が滅びて六朝に入るとともに、その事情に大きな変化が生まれた。官吏の身分は一代限りではなくなり、世襲的になって門閥化した。一言でいえば、官吏であるよりは貴族としての性格が強くなったのである。貴族化した六朝人は、もはや漢代人のように政治に強い関心をもたず、むしろ文学・芸術・哲学・宗教といった文化の分野に、その生きがいを求めるようになった。

その一つの現れが、儒教精神の衰退、老荘の流行という現象にほかならない。竹林七賢が出たのも、六朝初期にあたる三国魏の時代であった。これらの貴族の間では社交生活が盛んになり、その邸宅のサロンでは、しきりに談論が戦わされた。清談とよばれるものがこれである。その清談の主要なテーマとなったものは老荘の哲学であった。

老荘思想の中心の一つは無ということにある。すでに東晋に先立つ西晋の時代においても、老荘の無をもてはやす風潮が盛んであった。このころ裴頠《はいぎ》（二六七〜三〇〇）は、当時の貴族がすべて老子の無を尊び、現実を有として卑しむ結果、放縦の風が盛んとなり、政治が腐敗の極に達したのを嘆いて、『崇有論』をあらわして時弊を救おうとした。しかし一代の風潮は、一人の力の左右しうるところではない。老子の無の思想は、当時の貴族の生活を動かす原理となっていたのである。

仏教が中国知識人の間に本格的に弘通《ぐずう》するようになるのは、四世紀に始まる東晋時代に入ってからのことであった。この時代の中国人は仏教の教養のうちの、どの部分に心をひかれたか。一つは輪廻説、三世報応の説であった。知識人の大部分、そしておそらくは庶民層の一部が、この驚異の新説に心を奪われた。いま一つは、ここで問題とする般若の空義である。それは哲学的世界観に関するものであるだけに、高度の教養をそなえた人々だけに見られるものであり、全体としては少数者に限られていたのかもしれない。このような高度の教養の持主が般若の空義に関心をよせたのは、それが彼らの熟知している老荘の無に通ずるものを持っていたためである。

したがって彼らは般若の空を老荘の無の観念を通じて理解しようとした。このように外典《げてん》の観念ないし用語を用いて仏教を理解しようとすることを格義《かくぎ》とよんでいる。[1]格義という語は『高僧伝』の竺法雅伝に始めて見えるもので、仏教を格義によって理解するのは普通には東晋時代に始まるとされている。しかし外典の語ないし観念を利用して仏教の思想を表現しようとする試みは、東晋よりも以前からあったものであり、何よりも経典の漢訳そのものがすでにこれを実行していたのである。たとえば古訳では涅槃を「無為」、真如を「本無」と訳していたが、いずれも梵語の訳として老荘の用語をこれに当てたものである。また『無量寿経』の漢訳・呉訳・魏訳は「自然」ないし「無為自然」の語を多用しているのであるが、いずれもその翻訳の時期が老荘全盛の時代であったことを示している。この点からいえば、漢訳経典そのものがすでに格義を実行しているのであり、老荘的色彩が濃厚であるといえる。

このように経典そのものが老荘の色彩を帯びているのであるから、これを依拠として行われる仏教の解釈が老荘風になるのは当然のことであろう。東晋時代に、老荘の無を通じて般若の空を理解しようとする試みが盛んになったのは、この格義の風潮の現れの一つにほかならない。

二　東晋時代にあらわれた空義の諸説

東晋時代にあらわれた空義の諸解釈のうち、その最も主要なものは、心無義・即色義・本無義である。その名称と内容については、同時代の僧肇《そうじょう》の『肇論《じょうろん》』がこれを説明している。しかし『肇論』ではその主張者の名をあげていない。そこで他の書によってこれを補いつつ表示すると左のようになる。

	心無義	即色義	本無義
肇論疏	支敏度	支道林	竺法汰
中論述義	竺法温	支道林	道安

六家七宗（『中論疏』による）

本無義	道安
本無異義	琛法師
即色義	関内 支道林
識含義	于法開
幻化義	壱法師
心無義	温法師
縁会義	于道邃

右表のうち『肇論疏』とあるのは、僧肇の論に、陳の慧達が疏を付したものであ

り、『中論述義』とあるのは唐代の撰述にかかる書で、作者は不明である。

六家七宗というのは、南朝宋の曇済の『六家七宗論』（元康『肇論疏』所引）による分類である。ただし曇済は人名を掲げていない。『中論疏』は隋の嘉祥大師吉蔵の撰である。七宗とは、六家のうちの本無義を、本無義・本無異義に二分したため、七義となったのを七宗とよんだのである。

本無義・即色義・心無義の三者については、ほぼその輪郭をうかがうことができるが、識含義・幻化義・縁会義については説明が簡略であるため、不明な点が多い。そこで、ここでは専ら前三者について述べることにしたい。

(1)　心無義

心無義を最も早く唱えたのは支敏度《しびんど》である。(2) その出身や生没年は不明であるが、東晋初期の人であることは疑いがない。『世説新語《せせつしんご》』（仮譎篇）には、次のような挿話が見えている。

敏度道人は、はじめて江南に渡ろうとしたとき、一人の北方の僧と道づれになった。二人は相談して「古い解釈のままで江南に行っても、おそらく飯の種にはなるまい」という結論を得た。そこで二人は「心無義」を立てた。道づれの僧は江南に渡ることを果たさず、敏度だけが目的を果たし、心無義を講じて年月を重ねた。のち北方から江南に渡る者があったが、さきの北方の僧は敏度に伝言していった。「心無義などは成り立つものではない。この計画をしたのは、飢をしのぐための方便に過ぎなかった。そのまま続けて如来に背くような真似はよしたがよい」。

『世説新語』の注を書いた梁の劉孝標の説によると、空の「古い解釈」というのは、「種智は是れ有りて、能《よ》く円照す。然らば則ち万累は斯に尽く。之を空無と謂う。常住不変にして、之を妙有と謂う」というのであり、これに対して心無義は「種智の体は、豁として太虚の如し。虚にして能く知り、無にして能く応ず。宗に居りて極に至るは、其れ唯だ無か」というものであったという。

この劉孝標の説明がはたして支敏度の心無義の内容を正しく伝えているか否か、かなり疑問もあるが、かりにこれに従うならば、その内容は老子的な色彩をもっていたことになる。

僧肇の『不真空論』には心無義を論破しているが、そこでは「心無とは、万物に無心ならば、万物は未だ嘗《か》つて無し。此れ得は神静に在りて、失は物虚に在り」と述べている。その意味は「心が万物に執着することがなければ、万物は始めから無いのと同じになる。この説の長所は、心が静かになることであるが、欠点は物が虚無になることである」ということであろう。僧肇はこの心無義の主張者の名をあげていないが、唐の元康の『肇論疏』では、これを支敏度の説であるとしている。

三論宗祖の吉蔵の心無義に対する解釈は、これとはまた趣を異にしている。その『二《に》諦義《たいぎ》』に心無義が「心を空にするも、色《しき》を空とせず」といい、同じく『中論疏』に「外物を空とせず、即ち外物の境は空ならず」といっているのがそれである。これによると、心無義は「心を空にするだけで、物を空にすることはできない」というのである。これはさきの僧肇が心無義の欠点を「物が虚になる」というところにあるとしたのと、正反対の方向を示すことになる。

もし支敏度の心無義が、僧肇や吉蔵などの解したような内容のものであったとすれば、これは老荘思想とはまったく関係のないものとなる。老荘には心を無にすることによって物への執着を断つといった考え方はない。むしろ心を虚にして万物を迎えいれるということこそ、老荘の思想である。

道恒《どうこう》の伝記は不明であるが『高僧伝』の竺法汰伝に、彼が心無義を唱えたことが見える。東晋の哀帝の興寧三年（三六五）のころ、竺法汰は同門の道安と別れて、荆《けい》州

（湖北省江陵県）に行ったが、この地に沙門の道恒という者があり、すこぶる才力に富み、つねに心無義を唱えていたために、その説がこの地方一帯に盛行していた。竺法汰は「これは邪説であり、論破する必要がある」とし、多くの名僧を集めた席上で、その弟子の曇壱に命じて論難させた。

しかし道恒もさるもの、容易に屈しない。その日は暮れたので、翌朝あらためて続行することにした。このとき、たまたま竺法汰の病気見舞にきていた慧遠《えおん》が席につき、攻難数番したところ、さすがの道恒も窮地に陥り、塵尾《しゅび》（払子《ほっす》）で机をトントンと突くばかりですぐには返答ができない。そこで慧遠は「早くしないと、せっかくの機織りが無駄になるよ」とからかった。机を塵尾で突くのを機織りに見立てたのである。一座はどっと笑った。これより心無義は行われなくなったという。当時の清談の情景を如実に描写した資料の一つでもある。

この道恒の心無義の内容はまったくわからないが、少なくとも『高僧伝』にいうように、これが荆州の地に盛行していたことが察せられる。しかもおそらくは荆州ばかりでなく、ひろく江南地方一帯に流行していたことを思わせる事実がある。それは前述の支敏度が江南に渡るときに、心無義を飯の種にしたという話である。「心さえ無にすれば、物はあっても無いにひとしい」という常識的な考え方は、一般人に受けいれられやすかったのであろう。

陳の慧達撰の『肇論疏』および撰者不明の『中論述義』においては、心無義の代表者として竺法温《じくほうおん》をあげ、隋の吉蔵の『中論疏』では温法師をあげている。おそらく同一人を指しているのであろう。もっとも『中論疏記』に引く『二諦捜玄論』に、「晋の竺法温は、釈法琛《ほうちん》の弟子たり」とあるのによれば、『高僧伝』に見える竺法縕《じくほううん》をさすことになる。竺法縕は「悟解は玄に入り、尤も放光般若を善くす」とあるから、あるいは竺法温その人であるかもしれない。

この竺法温の心無義は、慧達の『肇論疏』に紹介されており、「竺法温法師の心無論にいう。それ有は形ある者なり。無は像なき者なり。像あるは無と言う可からず、形なきは有と言う可からず。而して経に色無と称する者は、ただ内に其の心を止めて、外色を空ぜず。ただ内に其の心を止めて、外色を想わざらしむ。即ち色相廃す」という。

また平安朝初期の日本僧安澄撰の『中論疏記』には、六朝の佚書《いっしょ》が引用されているが、そのうちの『山門玄義』には、「釈僧温は心無二諦論を著していう。有は有形なり。無は無像なり。有形は無とす可からず。無像は有とす可からず。而して経に色無と称する者は、ただ内に心を止め、外色を空とせず」とある。

また同書に引用する『二諦捜玄論』には、「晋の竺法温は、釈法琛の弟子なり。その心無論を製していう。それ有は有形者なり、無は無像者なり。然らば則ち有像は無と謂う可からず、無形は有と謂う可からず。是の故に有は実有たり、色は真色たり。経に謂う所の色空なる者は、ただ内に其の心を止め、外色に滞らざるなり。外色、余が情の内に存せざるは、無に非ずして何ぞや。豈《あ》に廓然無形にして無色なる者を謂わんや」とある。

これらの文章の間には、その表現に多少の繁簡の差はあるにしても、内容としては一致するものがある。これによると竺法温の心無義は、㈠有無を有形無形と同一に見る。㈡内なる心の働きを停止すれば、外物に執われることがなくなる。この境地を無または空とよぶとする。

第一点はしばらくおき、第二点だけについてみると、さきの支敏度の心無義と本質的には同じであることがわかる。つまり空とは、心を空にすることであり、形ある外物までを空とするものではない。心さえ空にすれば、外物への執着がなくなり、たとえ外物は存在するにしても、無いのとひとしくなるから、これを色空とよぶとするのである。

心無義が多くの般若学者の攻撃を受けたのは、それが「心を空じて、境を空ぜず」

という点にあった。それは正にその通りである。もともと現実主義の傾向が強い中国人にとっては、眼前に見る有形の万物の実在を否定することに、強い抵抗が感じられたに違いない。心無義は、このような中国人の心情との妥協の結果として生まれたものであろう。

(2)　即色義

支遁《しとん》(三一四～三六六)、字は道林、北朝の道安と同年の生まれである。ひろく東晋の貴族と交わり、絶大な人気があった。この時代の清談を集めた『世説新語』にも、支道林がしばしば登場する。当時の仏僧はすべて老荘を学んだが、彼は特にその造詣《ぞうけい》が深く、『荘子』逍遥遊篇についての新解釈は、従来の説を圧倒したといわれるほどである(『世説』文学篇)。

支道林が即色義を唱えたことは諸書に散見するが、(3)『即色遊玄論』をはじめとする彼の著作はすべて散佚《さんいつ》し、わずかに他書に引用された断片が残るにすぎない。このため彼の即色義なるものの内容を正確に知ることはきわめて困難である。

その残された断片の一つに『妙観章』の一節があり、次のように述べている。

夫色之性也、不自有色。色不自有、雖色而空。故曰、色即是空、色復異空。

色《しき》の性というものは、それ自体として存在するものではない（色は自性《じしよう》を持たないものである）。色がそれ自体として存在しないものとすれば、たとえ色として現前していても、それは空である。だから「色はそのままに空であるとともに、色はまた空に異なる側面をもつものだ」というのである。

もしこの一文だけで支道林の即色義を敷衍《ふえん》してみると、次のようになるであろう。色は因縁によって生じたものであり、自性を持たないものである。自性を持たないという意味では、それはそのまま空である（即色是空）。しかし、因縁によって生じた色は、たとえ仮有であるにしても、そこにある限り、やはり空とは異なったものである（色復異空）。つまり色は本質的には空であるが、現象としてそこにある限り、空に対して或る程度の独立性をもつ、と見ていたように思われる。(4)

この即色義に対して、僧肇の『不真空論』は次のような批判を加えている。

即色者、明色不自色、故雖色而非色也。夫言色者、但当色即色、豈待色色而後為色哉。此直語色不自色、未領色之非色也。

即色義は「色はそれ自体として存在するものではない。だから、たとえ色として現れていても、それは（空に対立する）色ではない」ということを明らかにしようとする。だが、およそ色というのは、その眼前に現れたままの色をさすのであって、色をして色たらしめるもの（自性）があってはじめて色となるものではない。この即色義は、ただ「色がそれ自体として存在するものではない」というだけで、まだ色が（そのまま空であり）色でないことを領解していない。

これまた難解の文章である。右の解釈が果たして原文の意を得ているか否かも問題であるが、しばらくこれによって両者を対比すると、次のようになるであろう。

支道林は、色に「自性がない」ことを通じて、色が空であることを認める。つまり無自性という事実を媒介として、色を空に結びつけようとする。したがって色と空との結びつきは、いわば間接的になるともいえる。

これに対して僧肇は、色がそのままに、無媒介に空そのものであると主張する。ここでは色と空との間に、いささかの間隙もないことになる。

支道林の立場からいえば、なるほど色は自性のないものであり、空に結びつくものであるが、しかし色として眼前にある限り、たとえそれが仮有であるにしても、やはり空とは異なったものであるはずである。現実の人間は、なんとしても仮有の色の世界から離れることはできないのであるから、この仮有の色に即しながら、しだいに空の世界に近づくようにすればよい。それが彼の『即色遊玄論』の立場ではなかろうか。有の世界に遊びながらも、その有が仮有であることを知って執着せず、有に即しながら無を求めるというのが、支道林の実践的な立場であったように思われる。

もともと支道林という人物は、才気縦横で、当時の貴族の清談界における花形であり、僧としては余裕のある人間味の持主であった。その生活態度を見ても、時に馬や鶴を飼って楽しんだり(『世説』言語篇)、喪中の人を訪ねて激談するなど(同、文学篇)、俗事を厳しく排除するようなことはなかった。その意味では、世俗に即しながら空玄の世界に遊ぶといった即色遊玄の思想は、その人柄にふさわしいものであったといえよう。

思うに当時の空義の主流となっていた本無義派の人々は、ややもすれば無を偏重して有を軽んずる風があった。支道林は有を仮有としながらも、[5]この仮有を離れては真有である空もあり得ないことを主張したものと見ることができる。

(3) 本無義

東晋時代の空義のうちでは、南北ともに本無義の支持者が最も多く、その本流を占めていた。鳩摩羅什の訳経が普及するまでの中国人の空の理解は、ほとんどみな本無義であったといってよいほどである。

この本無義は、すでに般若経の漢訳の時から始まっていたといえる。三国呉の支謙訳『道行般若経』の本無品には「一切皆本無、亦復本無。等無異於真法中本無。諸法本無、無過去当来現在。如来亦爾、是為真無」とあり、同じく呉の康僧会訳の『六度集経』の察微王経には「深観人原始、自本無生」とあるなど、初期の訳経では「真如」を「本無」と訳している場合が多い。般若経にとっては、真如は空そのものであるから、この本無をそのまま空といいかえてもよい。ここに空を本無とする、いわゆる本無義の生まれる遠因があった。

それでは本無の語は、どこに起源をもつのか。『老子』第四十章に「天下の万物は有より生じ、有は無より生ず」とあり、魏の王弼《おうひつ》には「有の始まる所は、無を以て本と為す」とある。この王弼注は老子の本文とならんで広く愛読されたものであるから、これが出典になっていることには疑いがない。

次に東晋時代の本無義は、一般にどのような内容を持つものであったか。南朝宋の曇済の『六家七宗論』（『名僧伝抄』曇済伝引）に大要次のような意味のことを述べている。

無は造化の先にあり、空は衆形の始めである。だからこれを本無とよぶ。凡人は多く末有に執着しやすいのであるが、もし心を本無におけば、このような煩いはなくなる。本を崇《たっと》べば末をなくすことができるとは、このことをさすのである。

ここでは本無に二つの意味を持たせていることがわかる。その一は、無が時間的に有に先行すること、その二は、無が価値的に有に優先することである。空はこの二つの意味において「本無」とよばれ、万物の「末有」に対する。いいかえれば、ここでは空と有とが本末の関係でとらえられている。その発想において老子風であり、格義の色彩が濃厚である。

道安（三一四〜三八五）が中国仏教史上に重要な地位を占めることは改めて言うまでもない。彼は当時の風潮であった格義仏教、老荘的仏教からの脱出を試みたのであるが、その努力は必ずしも十分の成果を収めたとはいえないようである。その空の解釈は性空義という新しい名でよばれる反面、また本無義という従来のままの名でもよばれているのであって、旧来の伝統を完全に脱却したものではなかったように思われる。

道安の空義を述べた『性空論』は佚《いっ》して伝わらず、その詳細はわからない。ただ彼の弟子僧叡が「亡師の安和上は、玄指を性空に標《しる》した」（大品経序）といい、「従来行われた格義は仏教の本旨に背《そむ》き、六家の空義は偏して本義に即しないものがあった。（道安の）性空宗は、今これを（羅什訳の経論によって）験《ため》してみると、最もその実を得たものである」（毗摩羅提経義疏上）と述べていることにより、おぼろげにその方向を察することができるだけである。

それでは「性空」とは何か。吉蔵の『中論疏』には、「釈道安は本無義を明らかにす。謂う、無は万化の前に在り、空は衆形の始めたり。それ人の滞る所は、滞ること末有に在り。もし心を本無に託すれば、則ち異想たちまち息《や》む。安公の本無とは、一切諸法は本性空寂なり、故に本無という」と述べている。この吉蔵の言葉によれば、道安の「性空」は「本性空寂」の意であったことになる。

もし本無が本性空寂を意味するとすれば、従来の本無説とはいかなる点で異なるであろうか。従来の本無説では、無が時間的にも価値的にも有より優先するものとした。そこでは無が実体性をもち、自性をもつものとして理解された。道安にも同様の傾向がまったくないわけではない。それは吉蔵の言葉によっても明らかである。しかし、もし本無が本性空寂を意味するならば、その無は万物から離れた実体をもつものではなく、「万有が自性を持たない」という事実そのものをさすはずである。いいかえれば無とは「万有の本性が空寂である」という自覚の働きそのものであるといえよう。

もし道安がこの方向に徹底したとすれば、あるいは般若の真義に到達したかもしれない。しかし不幸にも彼の手にした漢訳経典そのものが格義的であり、しかも空義への導きとなる三論の存在をも知り得なかったことを思えば、それは不可能に近いことであった。結果においては、道安の性空義もやはり本無義的な要素を多く残すことになった。このため弟子の僧叡でさえも、さきにあげた文章のあとに、「然れども鑪冶《ろや》の功、微《すこ》しく尽くさざるを恨む」といい、遺憾の意を表している。

そしてこのことが、陳の慧達の『肇論疏』をはじめとする諸家の説が、道安を本無義の代表者として扱う理由ともなったのであろう。

隋の吉蔵の『中論疏』には、本無義のほかに本無異義をあげ、その主唱者として琛《ちん》法師をあげている。これを本無異義とよんだのは、道安の本無義と区別するためと思われる。

その主唱者の琛法師の伝は不明である。日本僧安澄の『中論疏記』では、この琛法師を、東晋初の竺道潜《じくどうせん》、字は法深に当てているが、確証あってのことではなく、単なる推測であろう。

この琛法師の本無異義の内容を、『中論疏』は次のように紹介している。

本無者、未有色法、先有於無。故従無出有。即無在有先、有在無後、故称本無。

本無とは何か。まだ万物が現れないとき、先ず無があった。だから、その無から有が出たことになる。いいかえれば、無は有の先にあり、有は無の後にある。だから本無とよぶのである。

もし本無異義がここに紹介された通りのものであったとすれば、有に対する無の時間的先行、ひいては価値的な優先を説くだけのもので、きわめて普通の本無義にすぎない。これを『中論疏』が特に本無異義として取上げたのは、さきの道安の本無義が「本性空寂」を説くのに対して、ここにはそれがないことに注目したためであろう。格別な特色をもたない説である。

僧肇の『不真空論』には、本無義について次のように述べている。

本無者、情尚於無多、触言以賓無。故非有、有即無。非無、無即無。
本無の立場にある者は、その心に無を尊ぶものが多い。何かといえば無を導き入れる。有を否定すれば、有は無になり、無を否定すれば、無はまた無となる。すべてが無になるのである。

これはおそらく本無義一般を批判したものであろうが、元康の『肇論疏』では、これは竺法汰《じくほうた》（三二〇〜三八七）の心無義を批判したものとしている。竺法汰については道恒の心無義のところで触れておいたが、道安と同門の人で、江南に渡り、道恒の心無義を論難した。のちまた支道林の即色義の同調者である郗超《ちちょう》（三三六〜三七七）と、本無義について論じたことが『高僧伝』にみえる。

その本無義の内容については、僧肇の批評が抽象的であるため、詳細なことはまったくわからない。ただ全体として、無を尊び、すべてが無に帰することを説いたもののようである。あるいは僧肇の批評するように「これただ無を好むの談のみ」といった性格の議論であったかもしれない。

三　羅什の訳経と僧肇の空義解釈

鳩摩羅什が後秦の姚興《ようこう》に招かれて長安に到着し（四〇一年）、その後十数年にわたり大部の経典を訳出したことは、中国人の仏教理解に画期的な進展をもたらした。般若系の経典としては『大品般若経』を訳したばかりでなく、空の理解にとって重要な意味をもつ『中論』『十二門論』『百論』の三論などをも訳出した。これが従来の空義に革命的な変化をもたらすことになった。

従来行われてきた『道行般若経』や『放光般若経』は、訳文そのものに格義的・老荘的な色彩が濃厚であったから、その解釈もこれに同調し、さらに増幅する傾向さえあった。そこに六家七宗などという多くの空義解釈が生まれることになった。ところが羅什の訳経が現れることにより、ここにはじめて般若の空の本格的理解への道が開かれることになったのである。

羅什自身の空義解釈については伝わるものがないが、その弟子の僧肇《そうじょう》などは師に疑義を質《ただ》したことが多いといわれているから、その説が弟子たちを通じて間接的に伝えられたと見てもよいであろう。

僧肇は年少のとき老荘を奉じていたが、『維摩経《ゆいまぎょう》』を読んでからは仏教に転じて出家した。羅什が長安に到着するとこれに師事し、その学問は飛躍的な進歩をしめした。特に般若学の方面では、旧来の心無義・即色義・本無義などの諸説を批判し、独自の空義を立てることになった。

僧肇以前の中国人の空の解釈は、六家七宗といった多くの立場に分裂したが、そこには共通した一点がある。それは有を卑しみ無を尊ぶということにほかならない。そこには無を本とし、有を末とする価値的な差別観があった。これに対して僧肇は新訳の『般若経』や『中論』の思想を根拠として、新しい空観を樹立した。真の空とは、有無の相対を越え、しかもその相対を包みこむ、より高次の絶対無差別の境地でなければならない。これが僧肇の主張の根本である。その『般若無知論』は、常識の無が、有に対するものであり、それ自体なお一種の有でしかないことを強調する。

有者有於無、無者無於有。……然則有生於無、無生於有。離有無無、離無無有。有無相生、其猶高下相傾、有高必有下、有下必有高矣。然則有無相殊、倶未免於有也。

有の観念は、無のそれに対して立てられたものであり、無の観念は有のそれに対して立てられたものである。……したがって有の観念は無のそれから生まれるのであり、無の観念は有のそれから生まれるものである。有を離れては無はなく、無を離れては有もない。有無の観念は、互いに相手を生みだすのであって、それはあたかも高と低の両観念が互いに相手を生みだし、高があれば必ず低があり、低があれば必ず高があるのと似ている。とすれば、有と無とは、互いに異なるとはいうものの、相互に依存するという点からいえば、いずれもまだ有から免れているものではない。

しかし、それにもかかわらず、何故に涅槃の境地をあらわす語として「無」を用いるのであるか。

篤患之尤、莫先於有。絶有之称、莫先於無。故借無以明其非有。明其非有、非謂無也。

煩悩を生ずる原因としては、有より大なるものはない。その有を否定する語としては、無にまさるものはない。だから無という語を借りて、有が存在しないことを明らかにするまでのことである。有の非存在を明らかにすることが目的なのであって、無というものが存在することをいうのではない。

それでは有無の相対を越えた「高次の無」とは、どのようなものであろうか。

即真則有無邪観、斉観則彼己莫二。所以天地与我同根、万物与我同体。

ありのままの真実に即していえば、有無の差別を設けるのは邪観であり、無差別に斉《ひと》しく観れば、己と彼とは二つのものでなくなる。だからこそ天地は我と同根であり、万物は我と同体である、ということになる。

したがって僧肇にとっての無とは、有を否定する無ではなくて、有無の差別を否定することであり、さらに進んで一切の相対差別を否定しつくすことにほかならない。その否定の極において絶対無差別の境地に達し、「此と彼との差別は寂滅し、物と我とは一に冥し、怕爾《はくじ》（静寂）として朕《ちん》（形のきざし）なし。乃《すなわ》ち涅槃という」という究極点に達する。これが僧肇の空義である。

右にあげた僧肇の空義を一見しただけで、それが荘子の斉物論篇にみえる万物斉同の説に酷似していることに驚かされるであろう。荘子によれば、すべての対立差別は人為の生みだしたものであり、ありのままの自然の世界ではすべてが斉しく、すべてが一である。そしてこの無差別の立場から、万物をあるがままに肯定し、すべてを包容するというのが、万物斉同の説にほかならない。それは僧肇が涅槃の内容としたものと、きわめて近いものであることを思わせる。

問題は荘子の無がいかなる内容のものであったかということである。老荘と一括してよばれているものの、老子と荘子の間には本質的な相違があることを見落してはならない。その一つは、まさに両者の無の観念の相違である。老子は「有は無より生ず」といった。万物の始めに無をおいたのである。しかしこれに対して荘子は反論する。「始め」という以上は、その「始め」に先行する「始め」がなくてはならない。つまり「無」がまだなかった「無のない状態」「無無」がその始めにあったはずである。さらには、その「無無」がなかった「無無無」があったはずである。このように無限に否定を積み重ねて行かなければならないのであるから、結局、万物の始めに固定した無をおくことは誤りであることがわかる（斉物論篇）。

したがって荘子の無は、無というよりは無極、無限とよぶのが正しい。無限のひろがりの中では、此と彼、前と後、左と右といった場所の対立差別は消失するばかりでなく、善悪美醜といった価値の差別もその意味を失い、すべてが斉しく、すべてが一になってしまう。これは無限のもつ否定的な働きである。しかし否定ばかりではない。無限とは、文字通りに限りなく万物を包容するものであるから、有無のいずれをも排除することなく、すべてを無差別に肯定する。これが万物斉同の説とよばれているものにほかならない。

僧肇以前の仏教者は、老荘を学んだとはいえ、それは主として老子に偏しており、荘子の万物斉同の説を理解したものはきわめて稀であったと思われる。この時代に流行した郭象《かくしょう》の『荘子注』でさえ、斉物論篇の理解が十分でない憾《うら》みを残しているのであるから、これは誠にやむを得ないことであった。この間にあって、ひとり僧肇は荘子の万物斉同の理をよく理解し、これを通じて般若の空義に達することができたと見ることができる。

あるいはまた逆の見方をすれば、羅什やその訳経の導きによって空義の本質に到達したことが、荘子の万物斉同の説を理解することに役立ったともいえよう。いずれにしても、僧肇に至ってはじめて般若の空義の理解が本格化するとともに、荘子もはじめて真の知己を得たということができる。(6)

注

(1) 格義の「格」の字義については、従来あまり注意されていないが、この点について湯用彤《とうようとう》氏の『漢魏両晋南北朝仏教史』(二三五頁)は、注目すべき見解を述べている。同氏の説によると、「格」は「量」の意であり、仏教語と外典の語とを「比較配合」する意であるという。たとえば仏教語の「空」と、老荘の「無」とを比べてみて、両者が「ほぼ見合う」という計量をすることである。ただし、梁の『出三蔵記集』羅什伝には、「支竺の(訳)出すところ、滞文格義多し」とあり、「滞文」は悪い意味をもつ語であるから、「格義」もまた悪い意味、すなわち「扞格する」「矛盾する」の意に用いている。しかし湯氏によれば『出三蔵記集』は梁代の撰であり、格義が廃れてから相当の年月を経ているために、その原義を忘れたところから生じた誤解であろうという。『高僧伝』羅什伝の「滞文格義」の語も、この誤りを襲ったものとする。この湯氏の説は、おそらく妥当なものであり、従うべき見解であろう。

(2) 支敏度は支愍度と書かれることが多い。おそらく本名は支愍度であったものが、唐の太宗の諱《いみな》の民を避けて、愍を敏に改めたものと思われる。

(3) 支道林の即色義を紹介した文献には、次のようなものがある。

慧達『肇論疏』支道林法師即色論云、吾以為即色是空、非色滅空、此斯言至矣。何者、夫色之性、色不自色、雖色而空。如知自知、雖知恒寂也。

『山門玄義』(安澄『中論疏記』引)第八支道林著即色遊玄論云、夫色之性、色不自色。不自、雖色而空。如知不自知、雖知而寂也。

(4) この場合、参考になるのは、南朝宋の宗炳《そうへい》(三七五〜四四三)が何承天《かしょうてん》にあてた書である(『弘明集』巻三)。そのうちに「仏教にいう本無とは、衆縁の和合したものが総《す》べて空であるというのではない。眼前にある事物は、これを有としても差支えはない。これを有諦とよぶのである。しかし物の性は本来無なのであるから、これを無諦とよぶ」という意味の語がある。支道林もこれに近い立場にあったのではあるまいか。

(5) 吉蔵の『中論疏』では、即色義に二家ありとし、「一は関内の即色義であり、色に自性なしという。二は支道林の即色是空である」という。しかし「色に自性なし」とするのは支道林の即色義にも見られるのであるから、これだけでは関内即色義との区別はできない。あるいは吉蔵は、僧肇が関内すなわち長安の人であるから、江南の支道林の即色義を知るはずはないと考え、別に関内の即色義なるものを想定したのではないか。このような見方に立つものとしては、湯用彤氏『漢魏両晋南北朝仏教史』(二六〇頁)がある。

(6) 湯用彤氏は「肇論の重要な論理、たとえば是非を斉しくすとか、動静を一にすといった考え方は、或いは荘子を読むことによって了悟したものが多いであろう」(前掲書、三三八頁)と述べている。さすがに中国の学者であるだけに、荘子にも通ずるところがあったことを示している。実は中国人でも仏教の専門家は、たとえ老荘を一読することはあっても、その理解は不十分であり、不正確であることが多い。たとえば吉蔵の『三論玄義』に、無因有果を説く無因論師を批判した箇所で、中国の自然説がこれと同類であるとしている。荘子の名は明示していないものの、郭象の『荘子注』によったと見られる。これはあくまでも郭象個人の意見であって、荘子の本文にはこのような思想はない。

思想史における善導の地位

一

　唐初の善導の浄土教が都の長安を中心として栄え、やがては天下の各地に流行するようになったことは、中国仏教史において重大な意味をもつ事実である。しかも、晩唐の武帝の排仏以後、他の諸宗が衰微の一途をたどったのに反して、ひとり浄土教と禅宗だけが隆盛に向い、宋代の仏教といえば実質的に禅浄の二教をさすといっても過言でないほどになった。さらに宋元明と時代が下るにつれて、禅浄双修の機運が強まり、明清時代に至っては念仏禅が仏教の同義語といってよい状態となる。しかも念仏禅といいながら、実質的には念仏の比重がより大きいことは、一般に認められているといってよい。

　このように浄土教は中国仏教の中でも最も重要な位置を占めるものである。しかし、その浄土教も唐の善導《ぜんどう》(六一三〜六八一)によって創唱されたものではなく、また善導一人の手によって広められたものでもない。善導の浄土教が生まれるためには、仏教が初めて中国人の間に本格的に受容されるようになった東晋初(三〇七年)から、約三百五十年間の歴史を必要としたのである。

この章では、中国人の仏教受容の初期から、すでに浄土教に向うべき地盤が準備されていたこと、そしてそれが慧遠《えおん》・曇鸞《どんらん》・道綽《どうしゃく》などによって発展され、最後に善導の浄土教となって完成された過程について考察することにしてみたい。

二

ふつう中国に初めて仏教が伝来したのは、後漢の初期、一世紀の初頭であるとされているが、それが中国人一般の間に普及するようになったのは、東晋の初期、すなわち四世紀の初頭からである。(1) その際、中国の知識人は仏教の教義のいかなる点に心をひかれたか。これを大別して二つの類型に分けることができる。

第一の類型は、仏教の教義に比較的深い理解をもつ知識人に見られる。それは大乗仏教の根本義である「空」を、老荘の「無」を通じて理解しようとするものである。

すでに後漢末から老荘思想の全盛期に入っていたのであるが、この老荘の無と一脈通ずるものをもつ仏教の空に興味を抱くようになるのは、きわめて自然の成り行きであったといえよう。[2] この第一の類型に属するものは、主として知的、哲学的な関心から仏教に接近するものであっただけに、知識人といってもその一部だけに限られ、少数派に属するものとみられる。

第二の類型に属するものは、仏教がもたらした輪廻説に驚異の念を抱き、ここに新しい人生観を見出した人々である。これは単なる知的関心の対象として仏教を捉えようとするものではなく、人生いかに生くべきかという実存的な関心から出たものであるから、それだけ深く人心をゆるがすものがあったはずである。したがって大多数の知識人、そしておそらくは大衆層の一部の人々も、この類型に属したと見てよいであろう。

それでは、なぜ輪廻説が中国人の心を深く捉えたのであろうか。

輪廻説を知るまでの中国人は、もっぱら「現世」だけを考えていたといっても過言ではない。もちろん死後の世界をまったく考えなかったわけではなく、たとえば死後の霊魂が天上に昇るという思想もあったが、それはきわめて漠然たるもので、それが明確な来世の観念を形成するまでには至らなかった。また漢代の民間信仰についてみても、死後の霊魂は泰山に集まるとされていたが、その泰山は「現世」に存在するものであり、生者と死者は隣り合ってこの現世に住んでいたのである。

このように現世だけしか考えない人生観からは、どのような結果が生まれるであろうか。その最大なるものの一つは、人生の幸福の問題が解決困難に陥るということである。

もともと中国知識人の精神を代表する儒教では、道徳への志向が強く、幸福への関心は薄かった。節操に殉じて首陽山で餓死を遂げた伯夷《はくい》・叔斉《しゅくせい》の兄弟の悲運にたいして、孔子は「仁を求めて仁を得たり。また何をか怨まんや」と述べている（『論語』述而篇）。孔子にとって道徳的行為の完成に伴う満足感がすなわち幸福なのであり、そのほかに世俗的な幸福を求めるということはなかった。ここでは幸福は道徳のうちに吸収され、幸福そのものに独立の権利は認められなかったのである。

しかし儒教の人々といえども、このような高く厳しい精神にそのまま満足したわけではなかった。人間である以上、人生の幸福への欲求は、退けようとして退けきれないものがある。このため儒教の経典のうちにも、「天道は善に福《さいわ》いし、淫《あし》きに禍《わざわ》いす」（『書経』）。「積善の家に必ず余慶あり、積不善の家に必ず余殃《よおう》あり」（『易経』）といった言葉が見え、一種の因果応報の理が説かれている。もしこれがつねに正しく現れるものであれば正しい行為は必ず幸福によって報いられることになり、幸福への欲求は満たされるはずである。

しかし現実はこの因果応報の理を裏切ることがあまりにも多い。善人にして悲惨な生涯を終え、悪人にして満ち足りた人生を送る例が多いのが、むしろ世のつねではないであろうか。

前漢の司馬遷も、またその適例の一人である。司馬遷はその持ち前の正義感から、匈奴《きょうど》に降った将軍の李陵を弁護した。このことが武帝の怒りにふれ、司馬遷は士人としては最も恥辱とされる宮刑《きゅうけい》に処せられた。宮刑に処せられた後は、宦官《かんがん》として生き残るよりほかに道はない。司馬遷は一時絶望の深淵におちたが、やがて気を取り直し、生涯をかけた『史記』の著述に没頭することになった。

『史記』列伝の第一は、伯夷伝に始まる。孔子は伯夷の最後について「仁を求めて仁を得たり。また何をか怨まんや」といったが、これは事実に反する。なぜならば伯夷の臨終の詩なるものが伝えられており、そこでは明らかに自己の運命を怨んでいるからである。しかも善を行いながら不幸の生涯を終えたものは、伯夷一人に限ったことではない。孔門第一の高弟とされる顔回を見よ。顔回は比類なき好学の士でありながら、つねに貧窮の生活を送り、しかも短命のままに夭折《ようせつ》している。これに反して盗跖《とうせき》は、あらゆる悪事を犯しながら、満ち足りた生活を送り、しかも天寿を全うしているではないか。このように行為の善悪と、禍福とが矛盾する例はきわめて多い。天道は善に福し、淫に禍すといいながら、その天道は一向に現れていないではないか。私ははなはだ惑う。天道ははたして是なるものか、非なるものであるかを。

これが『史記』伯夷伝一篇の要旨である。この司馬遷の天の摂理にたいする疑問、報応の理にたいする疑惑は、たんに司馬遷個人に限られたものとは思われない。六朝に入り、仏教の三世報応の説に関して議論が闘わされた際、この司馬遷の伯夷伝がしばしば引用される。それは多くの人々の胸底に、司馬遷と同様に天道の摂理にたいする疑問が根強くあったことを証明するものであろう。

それでは、なぜ儒教の報応説、天道福善禍淫の思想は破綻をきたさざるを得なかったのであろうか。それはその報応がもっぱら現世に限られていたこと、「現報」に限定されていたことにある。現世での出来事は、すべて目で見ることができ、体験によって確かめることが可能である。いかに因果応報を言葉巧みに説いてみても、もしそれが人間の体験を裏切るものであれば、たちまちにその信用を失ってしまうほかはない。とくに現実主義の傾向が強い中国人にとっては、なおさらのことである。因果応報説がその効力を発揮するためには、現世のほかに前世や来世があること、つまり三世が存在することが必要条件となる。そして、これこそ従来の中国思想に欠けていたものであった。

それでは、もし仏教の三世報応の説によるならば、この問題はどのように解決されるであろうか。北周の道安の『二教論』(3)はいう。「顔回が短命に終ったのは、前世の悪業の報いによるものである。そのかわり彼の現世での善業の報いは、必ず来世に現れるであろう。盗跖が長命を受けたのは、彼の前世での善業によるものである。そのかわり彼の現世での悪業の報いは、必ず来世に現れるであろう」。このように三世報応の説、輪廻説によるならば、従来中国の知識人を悩ませ続けてきた道徳と幸福との矛盾の問題は、一挙に解決されて余すところがなくなるであろう。

したがって中国の知識人が初めて仏教の教理を知ったとき、最初にその心を奪われたのは、この三世報応の説であった。袁宏の『後漢紀』は仏教を解説して、(4)「人死するも精神は滅せず、随いて復《ま》た形（身体）を受く。生時に行うところの善悪は、みな報応あり。故に貴ぶところは、善を行い道を修め、以って精神を錬してやまず、以って無為に至り、仏たることを得るにあり」「故に王公大人は、生死報応の際を観て瞿《く》然《ぜん》として自失せざるはなし」と述べている。

この『後漢紀』の記事を通じて見ただけでも、仏教の輪廻説が中国人の人生観に革命的な変化をもたらしたことをうかがうことができる。第一に、人は死んでも霊魂は不滅であること。これは従来の儒家が死後の霊魂の存続にたいして懐疑的であり、否定的であったのとは、対照的である。第二には、次の世の生を受けた人間が、前世の善悪の業の報いを受けること。もしこれが事実であるとすれば、現世で善業を行いながら不遇の生涯を終えた人間も、来世での幸福を約束されることになる。これによって従来の儒教の人生観が現世だけに限られていたのにたいして、前世と来世をふくむ永遠のひろがりを持つものとなり、しかも道徳と幸福との間に正しい対応の関係が保証されることとなった。『後漢紀』に、中国の王公大人がこの輪廻説に接して、「瞿然として自失せざるはなし」と述べているのは、まことにさもあるべきことであろう。

このため六朝時代の知識人のうちには、「仏教は三世報応を説く教えである」とし、輪廻説こそ仏教の中心義であると理解する者が多かった。たとえば、『魏書』釈老志は仏教の大旨を述べて、「およそ其の経旨、大抵言う、生々の類は、みな行業に因《よ》りて起こる。過去当今未来あり、三世を歴して、識神常に滅せず。およそ善悪を為すに、必ず報応あり。勝業を漸積し、粗鄙《そひ》を陶冶《とうや》し、無数の形を経て、神明を藻練し、乃ち無為を致し、仏を得る」といっている。また北斉《ほくせい》の顔之推《がんしすい》は、この時期を代表する知識人の一人であり、その著の『顔氏家訓』の帰心篇は、彼の仏教信仰を述べたものであるが、その篇の冒頭は「三世の事は、信にして徴あり、家世々帰心す。軽慢することなかれ」という言葉に始まっている。仏教を「三世の事」という語で表現しているのは、三世報応の説こそ仏教の中心義であるとする信念のあらわれであった。

　またこの三世の説は仏教独自のものであり、儒家や道家には見られない思想であるということは、六朝人が強調してやまないところであった。有名な梁の皇侃《おうがん》の『論語義疏』は、先進篇の「未だ生を知らず、焉《いずく》んぞ死を知らんや」という孔子の語にたいして、「外教に三世の義なきこと、この句に見えたり。周孔の教は、ただ現在を説くのみにして、過去未来を明らかにせず」といい、また中国最初の文学評論の書『文心雕龍《ちょうりょう》』の著者として知られる梁の劉勰《りゅうきょう》は、老子の深義を認めながらも、「然れども三世、紀《しる》すなく、慧業聞こゆるなし。これ乃ち導俗の良書なるも、出世の妙経に非ざるなり」というなど、いずれもその例である。

　六朝隋唐の七百年間は、中国史を通じても最も儒教精神の衰退した時代であるが、その原因はさまざまあるにしても、儒教が知識人の幸福にたいする欲求を十分に満足させることができなかったのに反し、仏教が三世報応の説を武器としつつ、知識人の心を深く捉えたことが、その原因の一つとなった。さきにあげた『顔氏家訓』の著者の顔之推は、どちらかといえば守旧的な儒教の立場を取る者であるが、それでさえ、仏教の三世報応の説を取り入れなければ、儒家の立場を守り通すことは不可能であるといい、「現世には道徳と幸福の矛盾をしめす事実が多い。これは前世の宿業や来世の報応を考えてこそ、はじめて解決される問題である。この三世報応の説による解決がない場合、われわれは果たしてなお堯舜周孔に依信することができようか」(帰心篇)と述べている。儒教も三世報応の説を支えとしなければ、もはや一人立ちできない状態となっていたのである。

このように三世報応説すなわち輪廻説を仏教の中心義とすることは、仏教の誤解であるといえよう。仏教の目的は、この輪廻からの解脱にあるはずである。しかし、今の場合、それはあまり問題にならない。六朝の知識人は儒教の幸福論に満足を見出すことができず、その欠陥を補うものとして三世報応の説を必要としたのである。(5)

三

このように三世報応の説を仏教の中心義とする立場からは、どのような傾向が生まれるであろうか。一言でいえば、知識人の奉ずる仏教が浄土教的な方向を採るということである。

三世報応とは前世の宿業が現世の禍福となって現れ、現世での行為の善悪が来世において報いを受けるということである。この場合、前世の宿業が現世の禍福となって現れるということは、もはやこれを避ける道はなく、ただ宿命として受容するほかはない。人間にとって可能なことは、この現世において出来るだけ多くの善根を積み、その果報の現れを来世に期待することがあるだけである。いいかえれば来世に希望をつなぎ、来世に救いを求めるということである。

このように来世に望みを託すという態度からは、おのずから浄土教への方向が生まれるであろう。その最も早いあらわれの一つは、東晋の廬山《ろざん》の慧遠《えおん》（三三四〜四一六）の、いわゆる白蓮社念仏である。もっとも白蓮社の念仏は、いわゆる観想の念仏であり、称名《しようみよう》の念仏ではなかったことは、しばしば指摘される通りである。しかし、たとえ観想の念仏であるにせよ、西方の阿弥陀の浄土に心を寄せるということには、その前提として三世報応説による来世の重視という事実があったことを見逃すべきではない。慧遠はもともと中国知識人の出身であり、一般の風潮にしたがって三世報応説への関心が強く、その論著にも「三報論」「明報応論」などがある。また白蓮社を代表して阿弥陀仏像の前で、劉遺民《りゆういみん》がささげた誓文にも「それ縁化の理すでに明らかなれば、則ち三世の伝顕わる。遷感の数すでに符すれば、則ち善悪の報必せり」

といい、その念仏が三世報応説から導かれたことを暗示している。

ただ、この慧遠の白蓮社念仏は、宋斉梁陳の南朝では、ほとんど継承者がないといってもよく、その流れは断ち切られた観がある。(6) その西方浄土への憧れは、むしろ北朝において、慧遠より約百年後の北魏の曇鸞《どんらん》（四七六〜五四二）によって復活されたといってよいであろう。

それではなぜ浄土教は南朝よりも北朝において育ちやすかったのか。南朝は中国人の王朝であり、その臣下も古い伝統をもつ知識人、いわゆる士大夫であった。ここでは政治的にも、文化的にも、士大夫階級の支配力が圧倒的に強大である。これに反して、北朝の五胡十六国・北魏・北斉・北周の君主は、いずれも胡人であり、有力な臣下もまた胡人であったので、中国人士大夫の社会的、文化的な比重は、南朝に比して著しく劣っていた。胡人の意識は、中国人の士大夫よりも、むしろ中国庶民のそれに近いものを持つ。一口にいえば、南朝には士大夫文化の色彩が強く、北朝では比較的に庶民性のある文化が生まれたといってよい。そしてこの庶民性こそ浄土教を生む母胎となるものであった。

もともと中国の士大夫は、知識階級として文化を独占すると同時に、天下を治める政治家であり、官吏であった。政治家・官吏としての職責を果たすためには、強い意志と自立の精神が要求される。もっとも六朝の士大夫は、他の時代に比べて著しく貴族化していたのであるが、それにしても自立と自尊を尚ぶ基調は依然として持続していた。この自主自尊の精神が、浄土教受容の重大な障害になったと考えられる。

浄土教は、その浄土の仏に弥勒や弥陀の違いはあっても、その仏の力に頼って往生が許されるとする。そこには自己の無力の自覚による挫折感と絶望とが必要である。このような条件を、誇り高い士大夫に求めることは困難であろう。たとえ彼らが救いを必要とする場合においても、自力をまったく放棄することは考え得られないことであった。

この中国の士大夫の性格は、これを日本の平安朝の貴族や武士階級のそれに比較すれば、一層明らかになるであろう。六朝の士大夫は、他の時代に比べて門閥貴族化の程度が強くなっていたが、しかし平安朝貴族ほどの身分の固定化は見られなかった。官位の獲得や保持のためには、それだけの努力を必要とする。したがって六朝士大夫は平安朝貴族よりも、はるかに政治家・官吏としての自覚が強く、より理知的であり、意志的であった。平安朝貴族のような呪術的俗信に惑わされることもなく、感傷的な無常感の虜《とりこ》となることもなかった。ここでは藤原道長風の西方浄土への憧れは無縁のものであった。

この点では、六朝士大夫の性格は、むしろ鎌倉武士のそれに近いともいえる。事実、一朝事あれば士大夫は将軍として戦場に出動する義務を負っていたのである。しかし両者の間には大きな隔《へだ》たりもある。日本の武士には主君にたいする絶対の忠誠と献身が見られ、それが阿弥陀仏への帰依と通ずるところから、法然の浄土宗の受容を可能にしたという見方もある。(7)しかし中国の士大夫には武士の「主君」に相当するものはなかった。天子はあまりにも遠く、縁の薄い存在であり、身近にあるものは「上官」にすぎなかった。したがって士大夫には忠誠や献身の精神が欠けており、浄土教に通ずる途はここでも塞がれていた。加うるに武士はもともと農民の間から発生したものであるから、その意識や信仰においても庶民に共通するものが多い。これに反して士大夫は庶民から隔絶した階級であり、はるかに理性的であり、無神論的な傾向が強い。このような性格をもつ士大夫の社会的な比重が圧倒的に強大であった南朝で、浄土教の発展が見られなかったのは当然であろう。

むろん南朝でも三世報応の説そのものは根強く維持されていた。そのことは先にあげた顔之推の『顔氏家訓』(8)によってもうかがわれる。しかし顔之推はその三世報応説を儒教の幸福論の不備を補うものとして利用するに止まり、そこから浄土信仰を導き出すことはなかった。そしてこの顔之推の態度は、そのまま一般の士大夫のそれを代表するものと見ることができよう。

他方、北朝の方はどうであったか。前にも一言したように、胡族の支配下にあった北朝では、中国人士大夫のもつ社会的な影響力は南朝に比較して相対的に弱く、それだけ庶民的な風潮が現れやすい傾向にあった。何よりも庶民を基盤とする浄土教が、まず北朝に生まれたのは当然であった。

四

北朝の文化に庶民的要素が多いことは、その文化に道教色が強いことにも現れている。もともと道教は主として庶民の間に行われたもので、士大夫層には例外的に見られるにすぎない。ところが為政者が胡族である北朝においては、庶民信仰である道教が上層部においても有力であり、社会的にも大きな勢力を保有していた。中国最初の排仏を行った北魏の太武帝は、道教の信仰を背景にしていたのであり、道教が仏教に拮抗しうるほどの勢力をもっていたことを示すものである。

したがって仏教が弘通するためには、道教の信仰を利用し、妥協する必要があった。北魏の時代に『提謂経』『宝車経』『浄度三昧経』等の多くの疑経が現れたが、いずれも道教色の濃厚なものばかりである。そして後述するように曇鸞ばかりでなく、道綽《どうしゃく》や善導でさえ『浄度三昧経』『惟務三昧経』『四天王経』などの疑経を引用し、増寿益算の現世利益を説いている。いかに北方の庶民の間に道教的信仰が浸透していたかを想見することができよう。

注目すべきことは、これらの疑経が道教風の現世利益を説くとともに、現世の悪行によって太山地獄に堕ちたり、善行によって天上に生まれたりするという、三世報応説を本とした「来世」が説かれていることである。この点では『無量寿経』の三毒五悪段の内容と、その方向を同じくしていることがわかる。この善行によって天上に生まれるという思想は、まず弥勒の兜率天《とそってん》、ついでは阿弥陀仏の西方浄土に生まれるという信仰に発展する地盤を準備したものといえよう。

北魏の都が洛陽に移り、孝文帝の後をついだ宣武帝（即位四九九年）の頃から造営された龍門石窟の北魏窟には、弥勒の像が圧倒的に多く、無量寿仏の像はまだきわめて僅かである。その造像記を通じてみても、弥勒の浄土すなわち兜率天に生まれたいと願望するものがないわけではないが、より多く近親の死者の追善のためという祖先崇拝的な要素や、弥勒の下生《げしょう》による現世の幸福を求めるといった傾向が著しい(9)。要するに浄土教的な要素よりも、より土俗的、道教的な要素が強いのである。

このような北魏の雰囲気の中で、はじめて浄土教の基礎を確立したものは曇鸞であった。その草創の功は没すべからざるものがある。しかし、多くの先駆者がそうであるように、前代の残滓《ざんし》を少なからず伝えている。それはほかでもなく、道教的な信仰の要素である。(10)

曇鸞の念仏は主として憶念の念仏であり、口称の念仏を主体にしたものではないといわれるが、しかし阿弥陀仏の名号《みょうごう》に不可思議の力があることを認め、後の善導の称名念仏の基を開いたものといえよう。それでは曇鸞が名号に不可思議の力を認める理由となったものは何か。『往生論註』に次のような意味の説明がある。

腫れ物を治す呪文に「日出東方、乍赤乍黄」等という句がある。もしこの句を唱えれば、日出を待たないで、腫れ物を治すことができる。また行軍して敵陣に対したとき、「臨兵闘者皆陳列前行」の九字を誦すれば、相手の武器が身に当らない。『抱朴子《ほうぼくし》』はこれを要道とよんでいる。(11)また筋違いに苦しむ者は、木瓜《ぼけ》を火にあぶると治るが、また木瓜という名を呼んだだけでも治るものである。これらは世間の誰もが知る卑近な事実であるが、いわんや不可思議な境界においては、なおよく妥当する事柄である。

もともと名称と実体を同一視する思想は古代人の世界に普遍的に見られるものであるが、特に中国では特有の発展を遂げ、それが道教の信仰のうちにも入りこんでいる。[12] 湯用彤《とうようとう》氏は、晋の曇戒という僧の「弥勒仏の名を誦して口に輟《や》めず」(『高僧伝』)という先例を引き、曇鸞の前にも称名念仏がすでに行われていたとし、それが呪語の性格をもつことを指摘している。[13] このような点から考えると、後世の浄土教で最も重視される称名念仏も、案外に原始的な呪術思想に端を発しているのかもしれない。

曇鸞の歿後二十年に生まれた道綽《どうしゃく》(五六二〜六四五)は、末法思想の洗礼を受け、浄土教をさらに大きく前進させたが、やはり庶民を対象としたために道教的な信仰と妥協した面をもっている。

その『安楽集』に次のような問答が見える。

第三問に曰く、念仏三昧は能く障を除いて福を得、功利の大なる者である。然らば念仏の行者をして延年益寿をも得させるものであるか否か。

答えて曰く、必ず得るものである。『惟務三昧経』に次のような話がある。兄弟二人あり、兄は因果を信じ、弟は信心がなかったが観相法をよくした。あるとき兄が鏡を見たところ、弟は死相を見つけ、七日の中に死ぬことを知った。知者に相談したところ、「一心に念仏修戒すれば、あるいは難を免れることができよう」という。その教え通りにしたところ、六日目に二鬼がやってきたが、念仏の声を聞いて進むことができない。そこで鬼は帰って閻羅王《えんらおう》に報告すると、閻羅は符に「持戒念仏の功により、第三炎天に生まれん」と書した。

さらに続いて『譬諭経』を引き、五十歳になっても罪福を信じなかった長者が、夢占師から十日の中に鬼がきて連行するであろうと告げられ、仏のもとに行って許しを乞うた。仏は「もしこれを払おうと思えば、専念に念仏するがよい」と告げられたので、その通りにしたところ、この人は百歳の長寿を得、死後は天に至ることができた、と述べている。

浄土教の大成者、善導にさえ、このような傾向が残っていることは見逃しえない事実である。『観念法門』には「現生即得延年転寿」が強調されているが、そのうちには『浄度三昧経』の次のような句が引用されている。

仏、瓶沙大王に告ぐらく、もし男子女子ありて、月々の六斎日および八王日において、天曹地府に向い、一切の業道をば数々に首過し、斎戒を受持する者あらば、仏は六欲天王に勅して、各々二十五善神を差し、善く来たりて随逐し、持戒の人を護持せんと。

また『法事讃』には「四天王を奉請し、直ちに道場中に入る」という語があるが、[14]これまた『四天王経』という道仏混合の疑経の信仰を取り入れたものである。この四天王は先に引用した『浄度三昧経』の六欲天王と同じ役割をもつもので、斎日に人々の行為を査察し、その結果を帝釈天に報告する。帝釈天はその報告に基づいて寿命の増減を行うというのであって、その内容は民間道教の信仰に近いものであったことがわかる。

このように浄土信仰を最も純粋にしたとされる道綽や善導においてさえ、なお民間信仰ないし道教信仰と妥協する部分を残しているのは、それが庶民仏教となるためには、真にやむを得ない道であったためであろう。

五

曇鸞と、道綽・善導との間には、同じく浄土教といいながら、そこに一つの根本的な性格の相違があることに気づく。それは曇鸞には「厭離穢土《えんりえど》」の気分が比較的稀薄であるのにたいして、後の二者にはそれが濃厚であるということである。

曇鸞の場合は『続高僧伝』に南朝に赴《おもむ》いて仙方を求め、その帰途に菩提流支《ぼだいるし》にあい、「仏法のうちに長生不死の法として、この土の仙経に優るものありや」といったところ、菩提流支は『観経』を示して「これぞ大仙の方である」と告げた。これが曇鸞の廻心《えしん》の動機であったと伝えている。これはおそらく伝説にすぎないであろうが、廻心以後の曇鸞の浄土教にもなお道教的な残滓が濃厚に残っていることは、すでに触れておいた通りである。それだけ現世主義的な色彩が強いといえよう。

これにたいして道綽や善導の場合には、なお道教的要素を残しているとはいうものの、曇鸞に比べれば著しく稀薄になっている。特に『新修往生伝』に、善導の厭離穢土、欣求浄土《ごんぐじょうど》の教えに感激した僧尼士女《しじょ》の多くが自殺したという話が見えているほどである。

それでは何が曇鸞と道綽・善導の二者の差をもたらしたのであろうか。もちろん浄土教そのものの論理の内在的な発展という側面からも考えられるであろうが、より強力な外在的原因によるものと見るべきであろう。それは外でもなく、末法《まっぽう》思想の流行ということである。

中国でいつから末法の世に入るかということについては異説もあるが、六朝末から隋代（五八一〜六一九）に入ると、末法思想は仏教界を風靡《ふうび》するほど盛んになっていた。この末法思想の上に立ち、最初に独特の仏教を立てたのは、三階《さんがい》教の信行《しんぎょう》（五四〇〜五九四）である。彼は道綽よりも二十余歳の先輩にあたり、一歩を先んじたばかりでなく、道綽が山西省の一隅より出なかったのに反し、信行はその晩年に隋の都の長安に進出し、民衆の間に情熱的に布教したのであるから、おそらくその教勢は浄土教を圧倒するものがあったと思われる。もちろん道綽や善導も末法思想の影響を強く受けており、それが浄土教を推進する有力な動力となっている。

ただしかし、ここで見逃すことができない一つの事実がある。わが国の鎌倉仏教、特に浄土教が末法思想の風潮にのって流通したのと、中国の場合とを比較してみると、そこに一つの大きな相違があることである。それは日本での末法思想が、僧侶の間ばかりでなく、貴族や庶民をもそのなかに捲きこむ、大きな社会的風潮であったのに反して、中国のそれはもっぱら僧侶の間だけに限られ、一般の士大夫や庶民はその圏外にあったと見られることである。

もともと日本の末法思想は、僧団の内部では相当早くから唱えられていたが、それが貴族の精神生活に深刻な影響を及ぼすようになったのは、藤原後期の中頃、永承（一〇四六～一〇五二）の頃からであるといわれる。つまり藤原頼通の時代に相当する。この頃になると藤原氏を代表とする貴族制の根本がゆらぎ始め、新興の武士階級の抬頭《たいとう》が漸く見られるようになる。それは単なる政権の移動に止まるものではなく、社会の構造の根本的な変動を意味するものであった。この段階になると、末法の意識は、単に僧侶だけのものではなく、ひろく貴族階級の間にひろがって行った。

しかもそれは貴族階級だけに限られたのではない。社会の変動と不安定に伴う戦乱の連続、飢餓や天災などの頻発は、武士や庶民にも末法の意識を持たせるに十分なものがあった。[15]要するに日本の末法意識は全社会をおおうものであったわけである。

ところが中国で末法意識が盛んに行われた六朝末、隋、唐初には、日本の場合のような社会構造の根本的な変動が起こったわけではない。なるほどこの時期には戦乱が頻発したが、これは政権の移動に伴うものであり、六朝三百七十年間を通じて見られたものである。

六朝時代の王朝の興亡は、初期の五胡十六国による永嘉の乱を例外として、極端にいえば王室一族が交代しただけで、実際の政治にあたる士大夫階級の生活に本質的な変化を及ぼすものではなかった。彼らの多くは現在の王室が永続しないことを予め承知しており、王室にたいしては即かず離れずの態度をとり、一族の安全を計るのがつねであった。しかも武士といった第三階級が興って士大夫を脅やかす危険は、中国にはまったくなかったといってよい。天子・士大夫・庶民という身分構成は、秦の始皇帝より最後の清朝の滅亡に至る二千数百年を通じてゆるぐことがなかった。この意味では、中国は世界でも比類のない安定した国家であり、固定した社会であった。したがって六朝の士大夫の間には、日本の平安朝後期の貴族に見られる不安や没落の意識はなく、末法思想とも無縁であったといってよい。

それでは庶民はどうであったか。六朝末期の王朝交代に伴う戦乱は、それほど規模の大きなものではなかったにしても、直接これに捲きこまれた民衆の被害はけっして軽微ではなかったであろう。しかし中国の土地は広い。局地的な戦争とは無関係に、平和な生活を送ることが可能であり、むしろこのような条件に恵まれた民衆が圧倒的な多数を占めたと思われる。北魏から北斉・北周への移行は、このような局地戦を伴ったにすぎず、北周から隋への移行は、禅譲形式による無血革命である。慢性的な内乱に馴れた中国の民衆は、これに対処する知恵と心構えを備えていた。ここには特に末法思想を増幅させるような事情は見あたらず、いわんやそれを生み出す地盤はまったくなかった。

したがって六朝末から隋代にかけての末法思想は、もっぱら僧侶の世界に限定されていたといっても過言ではない。これが日本の中世のそれと根本的に異なる点である。

それでは仏教界に末法思想が盛んになった理由は何か。もちろん経典にそれが説かれていることが第一の理由である。しかし思想が社会的に有力になるためには、それを裏づける歴史的現実の存在が必要である。このようなものとしては、北周の武帝の排仏事件をあげるのが普通になっており、またそれが妥当であるように思われる。この武帝による排仏の評価は、これを見る者の立場によって異なるであろうが、少なくとも当時の僧侶にとっては末法の到来と思われたに違いない。この排仏事件を契機として末法思想が一層その勢力を増大したのは事実であろう。

このような僧侶のもつ末法意識が、ある程度まで士大夫や庶民にまで波及するという可能性はある。いかに平穏無事の生活を送っているかに見える人間にも、それぞれに悩みを抱くのは世のつねであり、生別死別の悲しみを持たぬものはない。そこに末法思想を情熱をこめて説く僧が現れた場合、その方向に導かれてゆく可能性は大いにあるともいえよう。

しかし、その場合でも、末法思想がつねに浄土教の方向に傾くとは限らない。いいかえれば「厭離穢土」の思想に必ずしも結びつくものではない。その適例を信行の三階教に見ることができる。

末法思想の上に立つ三階教は、現世の世を「穢土」と見る点では、浄土教と完全に一致する。しかし、この穢土を「厭離」に結びつけなかったところに三階教の特色があり、浄土教と決定的に袂《たもと》を別かつ理由がある。三階教にとっては、現世は五濁に満ちているが故にこれを清浄にする必要があり、人は極悪に陥っているためにこれを救い、本来の仏性を回復させる必要があった。穢土を厭離するのではなくて、穢土を浄化することによって浄土とするのがその理想であった。一口にいって、その教えは「現世」の救済を目標としていたのである。そのためには諸仏諸法を総動員する普仏普法を唱え、自ら乞食《こつじき》労働することによって貧民を救済し、あるいは無尽蔵院を設けて社会福祉に資するなどの活動を行った。それは末法の世なるが故に、これを救い、これを改革するという方向に進んだのである。

この三階教が隋の開皇二〇年（六〇〇）を初回とし、隋唐の間に五度の禁教令を被り、ついに絶滅した原因は何であったか。一説には、三階教が末法の世には正法《しょうぼう》治化の王者もなしといい、暗に帝王を非難したことが原因であったという。あるいはそれが一因となったのかもしれないが、主要な原因は別にあったと考えられる。それは外でもなく、三階教があまりにも熱狂的な信徒を集め、広範な大衆動員に成功したことにある。由来、中国では民衆の反乱は、ほとんど例外なく宗教的信仰を中核としたものであった。古くは後漢末の黄巾《こうきん》の太平道《たいへいどう》、三張《さんちょう》の五斗米道《ごとべいどう》や、宋元明清の四代にわたり断続的に執拗な反乱を起こした白蓮教徒、さては清朝を滅亡に導いた太平天国《たいへいてんごく》の乱などは、その代表的な例であるが、その他の大小の反乱は歴代を通じて枚挙に暇がないほどである。為政者が、熱狂的で、しかも現世志向型の宗教団体に神経を尖らせるのも無理はない。三階教がしばしば朝廷の弾圧を受けたのは、それだけ大きな大衆動員の力を持っていた証拠であろう。

　これに比べて、道綽や善導の浄土教が弾圧を受けた形跡がないのは、来世志向型であったということも一つの理由であろうが、三階教ほどには大衆動員に成功しなかったことが大きな理由になっているのではないか。もしはたしてそうだとすれば、末法思想の影響を受けながらも、中国の民衆は来世中心の浄土教よりも、現世志向型の三階教により多く心をひかれたことになるであろう。

　このことは善導以後の浄土教の流れが、来世志向だけに徹底することができず、つねに現世志向型の仏教と妥協する必要に迫られ、ついに独立純粋の一宗となることができなかったことと無関係ではないように思われる。

六

善導が中国浄土教の完成者であり、これに最も純粋な形をあたえたことには、おそらく異論がないであろう。しかし善導歿後の後継者は、必ずしも浄土教を純粋な形において発展させることなく、かえって慧日《えにち》（六八〇〜七四八）の諸行往生説や、延寿の禅浄双修説などがあらわれ、しかもこれが中国浄土教の主流となったために、浄土教が一宗として確立する機会を失うことになった。このことは単に浄土教そのものにとって重大な問題であるばかりでなく、中国文化一般の性格を考える上にも重要な一資料を提供するものと考えられる。時間的には善導以後に属すとはいえ、この問題の探求は、善導を歴史的に位置づける上に必要不可欠であるといえよう。

善導は往生の正業《しょうぎょう》として称名《しょうみょう》をあげ、読誦《どくじゅ》・礼拝《らいはい》・讃歎《さんだん》・観察《かんざつ》を助行の地位においた。称名念仏を唯一のものとしなかった点では、やや純粋性に欠ける趣きがないではないが、しかし「上来、定散《じょうさん》両門の益を説くと雖《いえど》も、仏の本願の意を望むに、衆《しゅ》生《じょう》の一向に阿弥陀仏の名を称するに在り」（『観経疏』第四）といい、仏名を口誦することこそ阿弥陀仏の本願の意であるとしており、ただこの一行だけでも往生が可能であることを暗示している。無知無学の民衆を対象とした教えである以上、この方向を採ることが当然であったといえよう。

ところが善導の弟子のうちに、早くもこの方向を逸脱するものが現れた。それは懐《え》感《かん》である。懐感は善導にしたがって凡人浄土の可能を認めながら、凡人の見る浄土は、なお有漏《うろ》三界に属するものとしたり、また三昧発得《ほっとく》を重んじたあまり、称名を心念助成の方便としたことなどは、善導教学からのゆゆしき逸脱であり[16]、浄土門から聖《しょう》道門《どうもん》への後退であるといえよう。懐感はもともと法相を学んだといわれるが、おそらく彼は僧侶や士大夫に接することが多く、民衆教化《きょうげ》の第一線に立つ機会が乏しかったのではあるまいか。

善導の歿年の直前に生まれ、唐の玄宗の世にその生涯の大半を送った人に慧日がある。彼はインドに十八年も求法の旅を経験しながら、開元七年（七一九）に帰朝して後は、善導流の浄土教に共鳴し、念仏は機の善悪や罪の軽重を問わず、すべての者を浄土に往生させるものであることを強調した。この点だけに限れば、慧日は完全な善導の浄土教の継承者である。しかし彼はここから重大な転回を行った。いわゆる慈愍《じみん》流の念仏がこれである。そしてこれが後世の中国浄土教の方向を決定することになる。

慧日がインドから帰朝して後の玄宗の世では、禅宗が次第にその勢力を拡張し始めていた。北宗禅の祖の神秀《じんしゅう》（六〇六〜七〇六）や、南宗禅の祖の慧能《えのう》（六三八〜七一三）は、いずれも慧日の先輩にあたる同時代人である。特に南宗禅を勝利に導いた神会《じんね》（六六八〜七六〇）とは、年齢もかなり接近している。この時代の禅宗は新興の気運にあり、宋代の禅宗よりもはるかに野性的であって、それだけに浄土教に対しても戦闘的な態度をしめした。慧日の『往生浄土集』のいうところによれば、彼らは「念仏誦経《ずきょう》して浄土に往生することを願うのは、差別《しゃべつ》の相に著した分別の態度であり、解《げ》脱《だつ》の因ではない」といい、「ただ心を浄らかならしめば、此の間即ち是れ浄土なり。いずれの処にか別に西方浄土あらん」といって浄土教を嘲《あざけ》った。これに対して慧日は、禅宗が専ら見性《けんしょう》成仏《じょうぶつ》を唱えて諸行を廃することに激しい非難を加えた。慧日によれば六度万行《ろくどまんぎょう》はあらゆる仏教にとって必要不可欠のものであり、浄土教も単に念仏するだけでなく、誦経・礼拝・行道《ぎょうどう》に精進し、これによって仏禅定《ぶつぜんじょう》を修し、浄土往生の資とするものであると説いた。いわゆる諸行往生の説がこれである。

ここで気づくことは、慧日の禅宗に対する反発が、端なくも諸行往生の説を呼びおこし、専修念仏の色彩の強い善導の浄土教を変質させる動機を作ったことである。しかも禅宗のいう禅定とは異なった意味のものとはいえ、仏禅定を積極的に主張したことは、後の延寿などの禅浄双修説の源を開いたとも見ることができる。

五代の永明延寿（九〇四〜九七五）は、禅僧の立場から禅浄双修の必要を強調し、念仏禅が中国仏教の主流となる基を築くという、歴史的役割を果たした人物として重要である。唐代の禅僧でも、観想念仏を禅法の中に採用したものが、五祖弘忍の門下にあったというが、⑰全般の風潮としては禅浄双修に反対する傾向が強かった。いま法眼宗第三祖という重要な位置にある延寿が敢然として禅浄双修を唱えたことは、中国仏教界の流れを変えるに十分であった。

延寿も禅僧であったから唯心浄土の説を唱えたが、しかし他の禅徒のように西方の浄土を否定することなく、弥陀の浄土に往生することを求めなければならないとした。特に注目をひくのは、彼が持戒習禅を上品《じょうぼん》の因とし、行道念仏を中下品《ちゅうげぼん》の行としていることである。いいかえれば利根頓機《りこんとんき》の者は禅浄を双《なら》べ修むべきであるが、鈍根《どんこん》下機《げき》の者は専ら念仏して浄土往生を求めよ、というのである。これを現実に即していえば、禅浄双修は有識の士大夫に向いており、無学の庶民は専ら念仏してもよい、という主張である。これは後世の念仏禅についてもいえることであって、士大夫は禅浄双修、庶民は専修念仏という分業が行われるようになるが、早くも延寿においてこの分業の考え方が現れているのは、見過ごすことのできない事実である。⑱

このように延寿が禅浄双修を主張したのは、禅と浄土にそれぞれ長所を認めたためにほかならない。彼が「禅あり浄土あるは、なお角を戴ける虎の如し」といったのは、双方の長所を兼備すれば鬼に金棒であることを主張したものである。ただ、この場合、禅浄の双方が互いに長所を相殺し合う危険もあることには思いおよばなかったように見える。

このように浄土教の側からは慧日を代表とする諸行往生の思想が提出され、禅定を受容する下地が準備されていたところへ、禅宗の側から延寿の禅浄双修が現れたのであるから、両者の握手はきわめて容易に行われるようになった。

ひるがえって善導の浄土教について見るに、なるほどその念仏に見仏の要素を残していたり、あるいは道教的な内容をもつ四天王の信仰を混入していたりして、なお夾《きょう》雑物《ざつぶつ》を残してはいるが、慧日の諸行往生説ほどには他宗に対して妥協的ではない。もし浄土教が善導の当時ほどの純粋性を保っていれば、おそらく延寿の禅浄双修説は生まれなかったかも知れないし、たとえ生まれたとしてもそれほど有力にはならなかったであろう。

それではなぜ善導以後の浄土教が、その純粋性、いいかえれば他力易行《たりきいぎょう》の口称念仏に徹することを放棄し、難行《なんぎょう》の諸行をも包む方向に進んで行ったのであろうか。その有力な原因の一つは、浄土教の主流の位置を占める学僧の多くが、その眼を伝統的な仏教界に向け、朝廷や士大夫という上層階級の信仰を得ることに重点をおき、無知の民衆に対する関心が相対的に低かったことにあるのではないか。

もともと民衆は難行難解の禅学にとっては無縁の存在である。禅浄双修の風がようやく盛んになった宋代でも、それは僧侶や士大夫の間に行われただけで、一般民衆とは無関係のものであった。宋代には特に念仏の結社が盛行し、ついには白蓮宗の成立を見るようになったが、そこには禅浄双修の片鱗をも見出すことはできない。明代に至っては念仏禅が全仏教を覆うようになるが、念仏禅を実行するのは僧侶だけで、しかも坐禅はしだいに形骸化し、民衆は専ら念仏の面だけを受取るのが実情である。

このように民衆の支持がないにもかかわらず、近世の中国仏教界は何故に禅浄双修一色に塗りつぶされる状態となったのであろうか。これを現実の社会的な側面から考えてみることにしたい。

七

およそ思想とよばれるものは、数学や自然科学とは異なり、それ自体に内在する論理だけで展開するものではない。特に社会的に大きな勢力をもつ思想の場合には、殊更そうである。もとより内在的な論理の自己展開という面のあることも無視できないが、さりとてこれを唯一のものとして固執することは、楯《たて》の半面を見落とす結果となるであろう。思想が現実の社会と接触するものである限り、外在的な社会的因子を無視することは許されない。

浄土教は、何よりも庶民を念頭におくところに、あるいは自らを庶民と意識するところに、初めて生まれた仏教である。そこでは知識階級に属する人々は副次的に現れるにすぎない。

ところで知識人と庶民大衆との関係を問題にする場合、中国はきわめて特殊な事情におかれていることを注意しなければならない。士庶の別は天隔なりという語があるほどに、知識人すなわち士大夫と、庶民とはあらゆる面で大きな隔たりを持っている。それは単に生活の程度の高下だけに止まらず、宗教・学問・文芸・趣味などの全般にわたり、質的な相違となって現れる。(19) これが日本の場合であれば程度の相違に止まるところが、中国では質の相違に達しているのである。平安朝の仏教について見ても、貴族の信仰にも呪術的色彩が強く、庶民も大体において同質であることがわかる。中国の士大夫は平安朝貴族よりもはるかに理性的であり、脱呪術的である。庶民は日本と同様に呪術的信仰の持主である。士大夫は儒教、庶民は道教といわれるのも、その現れの一つにほかならない。中国の文化が二重構造になっているといわれるのも、このためである。[20] [21]

前にも触れたように、士大夫は知識人として文化を独占すると同時に、官吏であり政治家であった。中国の文化が全体として強い政治性をもつのは、このためにほかならない。本質的に政治家である士大夫は、理知的であり意志的であって、どちらかといえば宗教には不向きである。六朝隋唐の士大夫は半ば門閥貴族的な性格を持っていたために、この理知的・意志的な側面が弱まっていたから、そこに仏教の信仰が入りこむ余地があった。しかし唐代・五代を経て宋代に入ると、士大夫はその貴族的性格を一掃して、本来の官吏としての自覚を取りもどすようになった。ここでは理性を越えた神仏や異世界の存在を信ずることは困難になり、自力を放棄して他者に信頼することは、むしろ軽蔑すべきこととされるようになった。ということは、宋代以後の士大夫は禅宗に走ることはあっても、純粋の他力道である浄土教を信奉することはきわめて稀になったということである。

いま時代ははるかに下るけれども、清朝末期の学者・革命思想家として大きな影響力をもっていた章炳麟《しょうへいりん》の意見をあげてみよう。[22]

明末に満州（清朝）に反抗して屈しなかったのは、禅観の士か、さもなければ王陽明学派の徒であった。陽明学の長所は、自らを尊んで畏《おそ》れることがないという一事に尽きる。また禅宗の長所は、あまねく国人に説きながら、わずかに数語を費やすにすぎないことである。

そもそも中国の徳教は、その説く所は分かれるにしても、根源は一に帰着する。曰く「依自不依他」ということである。上は孔子より下は朱陸王の諸子に至るまで、「自らその心を貴び、鬼神を以て主とせず」という点では一貫している。

仏教が中国に行われて、十数の宗派が生まれたにもかかわらず、独り禅宗のみが盛んになったのは、それが「自らその心を尊び、鬼神を援《ひ》かず」、中国人の心理と合すものがあるからである。

だから私も仏教の中では、浄土と密教の二宗だけは取らない。その理由は、この二宗が祈禱に近づくこと、猥《みだ》りに自らを卑屈にし、勇猛無畏の心に反するものがあるからである。

この文章は革命という非常の事態を目前にして書かれたという特種の事情があると

はいえ、中国の、少なくとも宋代以後の、士大夫の根本的態度を明らかにしたものといえよう。

このように宋代以後の仏教では、士大夫は禅宗、庶民は浄土教という二極の分裂が進行した。しかしここに奇妙に思われることは、禅宗専門の僧侶や寺院は存在するにもかかわらず、浄土教にはそれが見あたらないというのである。宋代の浄土教学は、ほとんど禅宗や天台宗、華厳宗などの僧によって兼修されるだけで、いわゆる寓宗《ぐうしゅう》的な存在に甘んじているかのように見える。これはいかなる理由によるのであろうか。

なるほど浄土教は士大夫の層には、あまり歓迎を受けなかったのは事実である。しかし民間の念仏結社の盛行にもあらわれているように、庶民の浄土信仰ははなはだ盛んであった。当然、浄土教専門の寺院や僧も存在したはずであるのに、それがほとんど伝えられないのはなぜか。

一例を北宋末・南宋初の茅子元《ぼうしげん》について見よう。白蓮教の祖とされる子元は江蘇省の澱山湖に白蓮懺堂を建て、民衆の間に浄土の教えを広めていたが、異端の説ありとの告訴を受け、江州に配流《はいる》された。しかし所信を曲げず、熱心に民衆を教化したので、朝廷もこれを知り、赦免すると同時に宮中に招き、浄土の法要を聞いた後に、慈照法王の号を賜わったという。その後も民間に布教し、最後に鐸《たく》城の倪普建《げいふけん》の宅において歿した。

この略伝を見てもわかることは、彼が寺院らしい寺院を建てた形跡が見られず、また信者の家らしいところで病歿しており、僧としては恵まれない環境にあったことである。貧しい庶民だけを相手とする僧は、この子元のように寺院を建てるほどの余裕がなかったのではあるまいか。

また子元の著書として伝わるものもない。ただ元の普度の『蓮社宝鑑』は、子元の遺著に基づいて構成されたものとされているから、これを通じて間接にその思想をうかがうことができる。その帰着するところについて見れば、一種の禅浄一致論である。彼は当時の禅家が唯心の浄土だけを認めて西方浄土を否定するのに反対して、天台の教義を利用しつつ西方浄土の存在を証明しようとする。他方、浄土を信ずるものが西方だけを認めて自性《じしょう》を明らかにすることを怠るのも片手落ちである。双方が相《あい》俟《ま》って完全な仏法を構成するのであるから、その一辺だけに執して他をそしるのは誤りであるという。

ただし、法の帰着するところは一であるとはいえ、人間には利根鈍根の差があるから、上根《じょうこん》の者は参究坐禅し、中根の者は観想持念し、下根《げこん》の者は十念成就に勤むべきである。この三種のうち、上根の者は万人の中に一人もないのが実情であるから、凡夫はすべて弥陀を専念して往生を願わなければならない。そして往生の障害となるものを除くために、念仏のほかに持戒布施に精進する必要がある。

以上がその論の大旨であるが、その内容は永明延寿の禅浄双修説を越えるものではなく、教学としても特に新味のあるものではない。したがって子元を「学僧」として扱うことはおそらく妥当ではないであろう。子元の本領は、やはり下根の庶民のために念仏を広めたところにある。宋代に浄土教の専門家がなかったということは、実は大寺に住む学僧がなかったことを意味するのではないか。真の浄土教の僧侶は、庶民のうちに埋れて、その姿を見ることができなくなったのであろう。

しかも茅子元の播いた種は、やがて白蓮教となり、民衆一揆の温床となった。そして隋唐の三階教のように、たび重なる朝廷の弾圧を受けることになる。当然、仏教界からも白眼視され軽蔑されるようになったであろう。子元自身が異端の説を唱えたという理由で、配流されるという経験をもつ。浄土教が大衆動員に成功した場合、これは避けがたい宿命のようなものであった。

このようにして浄土教が民衆に根を下した場合、その指導者は学僧として一般の仏教界からは公認されず、その信徒は無知不逞《ふてい》の輩《やから》として白眼視された。これが浄土教の一宗としての独立を果たし得なかった根本的な理由ではなかったであろうか。

このため、内容的には念仏を主としながらも、表面的には禅寺を看板とすることが明代以来一般的となり、これが中国の近世仏教の特色となったものと思われる。

八

禅浄双修を問題とする場合、中国社会の構造の分析とともに、いま一つ重要な課題となるのは中国人の世界観との関連を探ることである。

由来、中国には汎神論的な世界観の伝統が古くからあり、[23] 択一的であるよりも包摂的な傾向が強い。それが宗教の世界に現れると、三教一致説や禅浄双修説となる。この点で最も興味のあるのは、信行の三階教である。それは末法という危機の意識から出発するものであるから、普通ならば強力な一つの原理を掲げるべきところである。ところが信行は、末法なるが故に諸仏諸法を総動員する普仏普法を唱え、汎神論の方向を強力に推進する。もっとも「普仏普法」もまた「一つの原理」であるといえなくはないが、それはより高次の立場から見たときのことであり、常識より見れば不可思議にさえ思われる。それほどに中国の汎神論の伝統は根強いのである。

唐代の初期までにそれぞれ成立した仏教の諸宗派も、晩唐の頃には融合の傾向が著しくなり、宋代に至っては三教一致の説が盛んになった。近世では仏教と道教の混合がはなはだしくなり、民衆信仰の場ではほとんど分かち難い状態になっていることは周知の通りである。現世の利益は道教の神々に頼り、来世は阿弥陀に頼むという信仰の分業も珍しくない。一口でいえば宗教の混融、いわゆるシンクレティズムがその特徴となっている。

シンクレティズムといえば、中国ほどではないにしても、同じく汎神論系に属する日本にもそれが見られる。近世まで根強く残っていた神仏混淆《こんこう》の信仰がそれである。この点では遊牧・牧畜の生活から生まれた一神教の伝統の強い中近東やヨーロッパの信仰とは、根本的に異なる。しかし中国と異なり、日本では浄土宗ないし浄土真宗などに見られる一神教型態の宗教を育てる地盤があった。

中国ではほとんど一神教型態の宗教は育たなかった。善導の浄土教はその稀な例外にすぎない。その直後の後継者のうちにも、すでに懐感《えかん》のように称名念仏を心念助成のための方便にすぎないとし、早くも聖道門《しょうどうもん》への歩みよりを見せている者がある。極端にいえば、純粋な意味での浄土教は善導とともに消え去ったのではないか。ここには「偏依善導」（偏《ひとえ》に善導に依る）もなければ「選択」もなく、ただ「包摂」があるのみである。

他方、浄土教を純粋なかたちで受け入れるはずの民衆の間においてさえ、シンクレティズムの色彩が濃厚である。さすがに禅浄双修にはならなかったものの、道教という形をとった民間信仰が大量に入りこんだ。

特に、さきにあげた白蓮教の場合はそれがはなはだしい。宋の茅子元に端を発した白蓮教は、しばしば弾圧を加えられたが、屈せず、元代百年間を通じて隠然たる勢力を保っていたが、元朝の圧制による漢人の不満が高まるにつれて、山東の人韓山童《かんさんどう》を首領とする白蓮教の大反乱が起こり、これが元朝滅亡の誘因となった。韓山童はもちろん白蓮教徒であるが、しかしその旗揚げの際は「弥勒下生《げしょう》」「明王《みょうおう》出世」を唱えているから、これは明らかに弥勒教とマニ教とを同時に取り入れたものである。この両教は宋代以後禁教とされてきた民間信仰であるが、反乱を起こすために三教の一致を唱えたものと思われる。明末の白蓮教の反乱に至っては、ほとんど弥勒教といってよいほどに変質していたといわれる。反乱の旗印としては、弥陀の来迎よりも、弥勒の下生のほうが相応《ふさわ》しいからであろう。

白蓮教が弥勒教と習合する(24)のはまだしものこと、マニ教を包摂することは前代未聞のことといえよう。民衆の奉ずる浄土教の内容はまことに融通無碍《ゆうずうむげ》であって、僧や士大夫の禅浄双修などの比ではないのである。

このような環境におかれた善導の浄土教が、その純粋性を保ち、一宗としての独立性を確立させることができなかったのは、まことにやむを得ないというほかはない。そこには「偏依善導」を唱える一人の法然もなく、他力易行を徹底する親鸞も現れなかった。しかし、この本国における善導の不幸は、わが国に知己《ちき》を得ることによって十分に償《つぐな》われたといえるのではあるまいか。

専修念仏よりも禅浄双修に高い価値を認める立場も十分にありうる。長短相補うという意味で、永明延寿のいう「角を戴ける虎」を生む可能性もあろう。ただ他方では、両者の長所を互いに消し合うマイナスの効果を生ずる恐れがまったくないであろうか。

注

(1)　この間の事情については、拙論「魏晋における人間の発見」において述べるところがあった(『東洋文化の問題』一、昭和二十四年刊)。

(2)　これはひとり経典の解釈に見られるばかりでなく、経典そのものの翻訳にも見られる。たとえば、魏訳『大無量寿経』には、「自然」の語が五十六回も現れ、そのうちには「無為自然」「自然虚無」という純然たる老荘用語がある。漢訳・呉訳に至っては、さらに「自然」の語が多用され、それぞれ百五十回前後におよんでいる。

(3)『法苑珠林』六一、『続高僧伝』三〇。

(4) 袁宏（三二八〜三七六）、『後漢紀』のほかに『竹林名士伝』などの著があった。東晋の大司馬の桓温の記室となった。

(5) 中国の知識人の仏教受容が、主として輪廻説・三世報応の受容であったことについては、拙論「六朝士大夫の精神」（『大阪大学文学部紀要』三、昭和二十九年刊）において述べておいた。

(6) 斉梁の時代においても、僧侶の間では西方浄土の讃仰が行われ、『無量寿経』の講読や、阿弥陀仏像の造立が見られるが（望月信亨著『中国浄土教理史』）、一般の士大夫や庶民の間には、ほとんどその形跡が見出されない。

(7) 和辻哲郎著『日本倫理思想史』上。

(8) 顔之推は南朝の梁から北斉に移った人であるが、この書は梁の時代に書かれたと思われる部分が多い。

(9) 塚本善隆著『支那仏教史研究』北魏篇。

(10) この点について詳論しているのは、湯用彤著『漢魏両晋南北朝仏教史』（一九三八年刊）である。いま多くこれにしたがった。

(11) ここに引用された句は、現在の『抱朴子』には見えない。ただ同書の登渉篇には、物の名を呼ぶことに関する呪術的な信仰の記述がある。

(12) 拙著『名と恥の文化』。

(13) 湯用彤、先掲書。

(14) この『四天王経』は南朝の宋の知厳宝雲との共訳とされているものであるが、増寿益算のことを説いているのは、道教信仰が混入していることを示している（牧田諦亮著『疑経研究』一六九頁）。

(15) この点については、井上光貞著『日本浄土教成立史の研究』一一〇頁以下を参照。

(16)　望月信亨著『中国浄土教理史』。
(17)　宇井伯寿著『禅宗史研究』。
(18)　明末にわが国に渡来した隠元は、元・明の中国仏教の風潮を受けて、念仏禅を奉じていた。そして在俗の信者が彼のもとを訪れると、念仏を勧めるのが常であった。ある人がその理由を問うと、「自分は専ら禅を行なう者であるが、機根の劣っている者は、禅を理解する力がない。そこで已むを得ず、このような人々には念仏を勧めることにしている。これは正に応病与薬というべきで、非難するには当らない」と答えている(『黄檗和尚太和集』)。これは独り隠元ばかりでなく、延寿以来の禅僧の一般的風習であったと見るべきである。その理論的根拠づけは、ともあれ、民衆を包容するためには禅浄双修が必要不可欠のものであった。
(19)　戦前の中国を初めて訪れた者は、中国の民衆の趣味が、南画を通じて想像したものとは、あまりにも違っているのに驚くのが普通であった。建築などに見られる原色に近い毒々しい彩色、ペンキで塗られたように真白な仏像の顔。セメントで作られた庭石。士大夫文化を通じて得られた中国文化のイメージは、無残にも崩れてゆく。
(20)　マックス・ウェーバー著『儒教と道教』。
(21)　このような士庶の大きな隔たりが生じた原因の一つとして、漢字の難しさという事実をあげることもできよう。また中国が日本や西ヨーロッパのように、近い過去に封建制度を持たなかったことを根本原因とみる考え方もある。
(22)　章炳麟『太炎文禄』答鉄錚。章炳麟は「中華民国」という国号の名づけ親とされている。
(23)　この点については、拙著『中国思想史』上巻第二節参照。
(24)　マニ教は、ペルシャ人マニの創唱にかかり、唐の則天武后の時伝来し、主として、ウィグル人の間に信奉された。その教義は仏教とは全く趣きを異にするが、飲酒、殺生、姦淫などを厳禁する点では、白蓮教に通ずるものがある。その中国名を明教とよび、神の使命を受けたものを明王とよぶ。明の太祖朱元璋は、この白蓮教の僧の出身で、その国号の「明」は「明王」から取ったとする説がある。

『無量寿経』三訳にみる「自然」

魏訳の『無量寿経』には「自然」という語が頻繁にあらわれ、その数は五十六回に達する。しかも漢訳（『無量清浄平等覚経』）、呉訳（『阿弥陀三耶三仏薩楼仏壇過度人道経』）に至っては、これをさらに大幅に上まわる。

魏訳　五六回
漢訳　一七七回
呉訳　一四六回

一部の経典のうちに、これだけ多数の「自然」の語が用いられているのは、おそらく異例のことであろう。試みに同じ浄土経典についてみても、『観経』には六回、『阿弥陀経』には一回しか見えていない。また『法華経』二十八品《ほん》を通じても十四回にとどまる。さらに同じ『無量寿経』でも、唐訳（『無量寿如来会《え》』）は八回、宋訳（『無量寿荘厳経《しょうごんきょう》』）に至ってはゼロである。

なぜ『無量寿経』の漢呉魏の三訳だけに、このように「自然」の語が圧倒的に多いのであろうか。その原因は何か。いくつかの角度から、この問題に検討を加えてみたい。

一　無為自然

まず始めに「自然」という語のもつ意味内容についてみよう。

自とは他の反対概念である。したがって「自然」の反対概念である「他然」という語を想定してみるのが便利であろう。他然とは「他者によって然らしめられている」という意味になるはずである。したがって、その反対語である自然とは「他者によって規定されることなく、それ自身に内在する働きによって、そうなる」という意味になる。これが自然の第一義であろう。

しかし実際の「自然」の用法となると、これにさまざまな要素が加わり、その意味も多様化する。その多様化の主たる原因は、自己に対する「他者」の捉え方が異なるところにある。普通に他者といえば、自己以外の一切のものを意味する。もしこの立場を純粋に守るならば、無因自然といった考え方も生まれてくる可能性がある。無因自然の立場をとる者に、晋の郭象《かくしょう》の『荘子注』があり、インドにも自然外道《げどう》とよばれるものがあった（拙著『無の思想』一四頁以下参照）。

しかし最も普通の用法では、その「他者」を人為・人工の意味に限定する。この場合、自然とは人為を否定するところに現れる状態のことである。中国で最初に「自然」の語を用い、これをその哲学の原理としたのは老子であるが、その老子は自然を無為として規定した。つまり無為自然である。人為は自然に対立するものであり、人為を無くするところに自然は成立する。

そして『無量寿経』に現れる自然も、結局はこの無為自然の範囲に入るものと見てよい。

(1)　人為を必要としない自動的な働きとしての自然

しかし無為自然のうちにもいくつかの種類がある。その種類の違いが生まれるのは、同じく人為を排除するとはいえ、その排除の仕方に微妙な相違があるためである。一つは人為を意識的に強く排除しようとするものであり、一つはそうした努力とは無関係に単に不必要なものとして人為から離れるものである。後者の場合にあっては、自然とは、人為を必要としない「自動的な働き」ということになる。

『無量寿経』の三訳のうち、漢訳と呉訳の、特にその前半部に集中して現れるおびただしい「自然」の語の大部分は、これを「自動的に」ないし「自生的に」と訳して差支えのないものである。ここで「自然」を冠せられた事物は、すべて浄土の仏・菩薩・阿羅漢《あらかん》たちを楽しませるのに役立つものばかりである。つまり七宝《しっぽう》、華、風、衣《え》、飲食《おんじき》、伎楽《ぎがく》などがそれであり、これらを総称する「自然之物」という語もしばしば現れる。しかも、同じ文章が何度も繰り返して述べられているのが特徴である。

いま、その繰り返しのうち、特に著しい一例をあげてみよう。

〔漢訳〕　諸菩薩各欲得四十里華、則自然四十里華在前。……華適小萎、便自堕地、則自然乱風吹、萎花悉自然去。

以下、八十里、百六十里、三百二十里、六百四十里、千二百八十里、二千五百六十里、五千一百二十里、一万二百四十里、二万四百八十里、五万里、十万里、二十万里、四十万里、八十万里、百六十万里、三百万里、四百万里の華に至るまで、合計十八回にわたり、同文の繰り返しがある。したがってこの部分だけで、「自然」の語が計五十四回も現れている。

〔呉訳〕　諸菩薩意各欲得四十里華、即自然在前。……小萎堕地、即自然乱風吹、萎華自然去。

以下、十八回の繰り返しがあるのは漢訳と同じである。ただ最後の部分で、三百万里の次が六百万里になっているのが漢訳と異なる。また呉訳では、八十里以降の文章で、乱風の上の「自然」を省略している。したがってこの部分だけで、呉訳では漢訳よりも十七箇の「自然」の語が少なくなる。

〔魏訳〕　これに相当する部分がない。

次に、自然の語を連続的に用いた代表的な一例をあげてみよう。

〔漢訳〕　意欲得万種自然之物在前、則自然百雑色華、百種自然雑繒幡綵、百種物（物字恐衍）自然劫波育衣、自然七宝、自然燈火、自然万種伎楽、悉皆在前、其華香万種自然之物者、亦非世間之物也。亦復非天上之物也。是万種之物、都為八方上下衆物、自然共合会化生耳。意欲得者、則自然化生在前。意不用者、便則自化去。

〔呉訳〕意欲得万種自然之物在前、即自然百種雑色華、百種雑繒綵、百種劫波育衣、七宝燈火、万種伎楽、悉皆在前。其華香万種自然之物、亦非世間之物、亦非天上之物也。是万種物、都八方上下衆、自然合会生耳。意欲得者、即自然化生。意不用者、即化去。

〔魏訳〕これに相当する部分がない。

ただし「自然万種伎楽」「一切衆宝、自然合成」といった語は、経文の各所に散見する。

そこで問題になることは、なぜ『無量寿経』の三訳に「自動的」「自生的」を意味する自然の語が氾濫《はんらん》したのか、ということである。そこには何らかの理由があったはずである。『無量寿経』の作者、ないし翻訳者が「自然」の語を多用したのは、何らかの目的があったために相違ない。

それでは、その目的とは何であったか。結論的にいえば、浄土での生活がすべて完全自動化され、労力をまったく必要とせず、したがって安楽この上もない生活が保証されていることを説くためである。以下、この結論に至るまでの経過を、順序を追って述べることにしたい。最初に魏訳の一節をあげよう。

〔魏訳〕 設我得仏、国中人天、欲得衣服、随念即至。如仏所賛、応法妙服、自然在身。若有裁縫擣染浣濯、不取正覚（第三十八願）。

「自然之衣」という語は、漢訳・呉訳にも見えるが、裁縫も洗濯も不要というのは、魏訳だけに見えるものである。しかもそれが弥陀の本願の一つに採用されているのであるから、魏訳の完全自動化の生活への願望が、他の二訳のそれに劣るものでないことを示している。

また浄土では、食事もすべて自動化されている。

〔漢訳〕 百味飲食、自恣若随意則至。亦無所従来、亦無有供作者、自然化生耳。……食已、諸飯具鉢机坐、皆自然化去。欲食時、乃復化生耳。

〔呉訳〕 中有百味飲食。飲食者、亦不類世間、亦非天上。衆自然飲食中精味、甚香美無比、自然化生耳。……食訖、諸食具鉢机座、皆自然化去。欲食時、乃復化生爾。

〔魏訳〕 若欲食時、七宝盋器、自然在前。……如是諸盋、随意而至。百味飲食、自然盈満。雖有此食、実無食者。但有見色聞香、意以為食、自然飽足。身心柔軟、無所味著。事已化去。時至復現。

これによれば、浄土では食事のための準備や後かたづけの面倒がなく、すべてが自動化されていることがわかる。

また住むための家屋も建築する必要がなく、自動的に準備されている。

〔漢訳〕無量寿仏所可教授講堂精舎、皆復自然七宝金銀水精琉璃白玉虎珀車渠、自共転相成也。甚姝明好、絶姝無比。亦無有作者、亦不知所従来。亦無有持来者、亦無従去。……自然化生耳。

〔呉訳〕阿弥陀仏所可教授講堂精舎、皆復自然七宝金銀水精琉璃白玉虎珀車渠、自共相成。甚姝明好、絶無比。亦無作者、不知所従来。亦無持来者、亦無所従去。……自然化生耳。

〔魏訳〕又講堂精舎、宮殿楼観、皆七宝荘厳。自然化生。

漢呉二訳では講堂精舎という教化設備だけをあげているが、魏訳では宮殿楼観をもあげているから、平生の住居をも含むものと見るべきであろう。もしそうだとすれば、衣食住という生活の三条件が、すべて完全自動的に供給されていることになる。それだけではない。日常生活にとって煩わしい掃除もまた自動的に行われる。

〔漢訳〕　華適堕地、華皆厚四寸、極自軟好無比。華小萎、則自然乱風起。……乱風吹華、悉復自然散。無量寿仏及諸菩薩阿羅漢上華堕地、則自然乱風、復吹萎華、悉自然去。

〔呉訳〕　阿弥陀仏及諸菩薩阿羅漢上華堕地、皆厚四寸。小萎即乱風吹萎華、自然去。

〔魏訳〕　これに相当する文章がない。

以上、三訳の特に漢訳・呉訳の前半部に多く現れる「自然」の語の主要な例をあげてみた。その多くは「自動的に」の意味をもつものである。その「自動的」というのは、衣食住という生活の基本的条件が自動的に与えられるという意味である。したがって、ここでは生活のための営みがまったく不用のものとなる。しかも炊事や洗濯、掃除などの煩わしさからも解放されるのであるから、浄土はまさに不精者の天国であるといえよう。

しかしながら、浄土は不精者の天国というだけにとどまるものであろうか。そうではなくて、その生活苦からの解放こそ、悟りに至るための最高の条件であるという信念が、『無量寿経』の作者にあったためと考えられる。

〔漢訳〕　仏言。若曹於是……慈心専一、斎戒清浄、一日一夜者、勝於無量清浄仏国作善百歳。所以者何。無量清浄仏国、皆積徳衆善、無為自然。在所求索、無有諸悪、大如毛髪。

仏言、於是作善十日十夜者、其得福勝於他方仏国中人民作善千歳。所以者何。他方仏国、皆悉作善。作善者多、為悪者少。皆有自然之物、不行求作、便自得之。是間、為悪者多、為善者少。不行求作、不能得也。人能自端制作善、至心求道、故能爾耳。是間、無有自然、不能自給。当行求索、勤苦治世。転相欺怠、調作好悪。得其財物、帰給妻子。飲苦食毒、労心苦身。如是至竟、心意不専、周旋不安。人能自安静為善、精進作徳、胡能爾耳（三毒五悪段）。

〔呉訳〕　小異を除き、ほぼ右と同文。

〔魏訳〕　汝等於是……正語正意、斎戒清浄、一日一夜、勝在無量寿国、為善百歳、所以者何。彼仏国土、無為自然、皆積衆善、無毛髪之悪。

於此修善、十日十夜、勝於他方諸仏国土為善千歳。所以者何。他方仏国、為善者多、為悪者少。福徳自然、無造悪之地。唯此間多悪、無有自然。勤苦求欲、転相欺紿。心労形困、飲苦食毒。如是悤務、未嘗寧息（三毒五悪段）。

ここでは浄土が善徳を積みやすい絶好の条件に恵まれているのに反して、この世間がいかに悪条件のもとにあるかが強調されている。浄土では衣食住の生活の条件が自然に与えられているために、ひたすら善行に専念することができる。これに対して世間では自然の物がないから、勤苦して生活の道を求めなければならない。時には人を欺《あざむ》いて財物を盗み、帰って妻子に給する必要にも迫られる。このため絶えず心を苦しめ身を労し、心意を安定して善事に励むことが不可能である。そこで浄土では生活の条件がすべて自動的に満たされ、仏事に専心できるよう配慮されている。これが浄土に自然の物が多い根本的な理由にほかならない。

ここで少しく問題になることは、最後に引用した一連の経文が、いわゆる三毒五悪段の部分に属することである。『無量寿経』の三毒五悪段が、本来の経文ではなく、中国人による『無量寿経』の解説文であり、それが本文の中に混入したものとする見方は、今日ほぼ定説化したといってよいであろう。筆者もまた、その内容や語法から見て、この説に賛同するものである。しかし、それが仮りに中国人の解説文であるとしても、少なくともこの部分に関する限り、その解説は『無量寿経』の本意を得たものと考える。つまり浄土は不精者の天国としてあるのではなく、道徳的向上を容易にするためにあるのである。

この生活環境をよくすれば人間は自然に善くなるものだという考え方は、中国でも古くからあったもので、「衣食足りて礼節を知る」という言葉はひろく知られている。なかでも孟子はその熱心な主張者であり、庶民に道徳教育をしても役立つものではなく、ただ善政を施して生活を豊かにさえすれば、自然に道徳も向上することを強調した。その裏づけとしては性善説（仏教風にいえば一切衆生、悉有仏性）という、人間性の楽観的な見方があった。そして、それは必ずしも古代だけに限らず、近世の社会主義者、社会改良主義者の間にもひろく見られるものである。浄土の思想もまた、この流れの中にあると見られなくはない。

(2) 人為の介入を許さない必然としての自然

同じく無為自然の部類に入るものではあるが、前の無為自然の無為が「人為を必要としない」という程度にとどまるのに対して、それよりも人為の排除が一段ときびしい自然がある。それは「人為の介入を許さない自然」、いいかえれば必然である。必然とはどういうことなのか。必然の定義としては、「必ずそうでなければならず、それ以外にはあり得ないこと」とか、「このようでもあり、他のようでもあるということが不可能であること」といったものがある。もう少し内容に立ち入っていえば、「自己以外の異質的なものの介入を許さず、自己の同質性を保つこと」と定義することもできよう。

その場合、自己にとって異質的なものとは何であるか。実際の人間生活に即していえば、人為である場合が圧倒的に多い。「それは必然だ」というのは、「それは人為によっては変えられないものだ」というのに等しい。つまり必然は人為を越えたものであり、人為の介入を許さないものである。

他方、自然もまた人為を排除するところに成立するものである。「人為を排除する」という点においては、自然と必然とは共通する点をもつ。その共通点だけを取り上げれば、自然と必然とは同一であるともいえる。「それは自然の成り行きだ」というのは、「それは必然の成り行きだ」というのに等しい。ただ両者の違いといえば、必然のほうが自然よりも強い響きをもつだけのことである。

このようにして自然はまた必然の意味をもつ場合がある。その場合、現実の生活において、何が自然必然のものとして意識されることが最も多いか。それはほかでもなく、運命であろう。

老荘思想、特に荘子の場合には、自然を運命の意味に用いた例が圧倒的に多い。荘子の「無為自然」というのは、「人為をすてて、必然の運命に従え」というのに等しい。この運命への随順という思想は、ひとり荘子だけに限らず、中国の思想の根強い傾向の一つになっている。ただし運命を天命とよびかえることが多い。儒教においても、「人事を尽くして、天命を待つ」という言葉がある。人事を尽くすという限りでは儒家であるが、天命を待つという点では道家と同一である。天命の思想、運命随順の思想は、学派の対立を越えた中国民族の思想である。

さて問題の『無量寿経』の三訳の場合はどうか。その前半部では、自然を「自動的」「自生的」の意味に用いたものが多いのであるが、後半部、特に三毒五悪段を中心とした部分には、必然・運命の意味をもつものが多い。その代表的な事例のいくつかをあげてみよう。

〔漢訳〕　其中輩者……便道見無量清浄仏国界辺自然七宝城……身諸所作、自然得之。皆心自趣向、道入其城中。其人本宿命求道時、心口各異、言念無誠、狐疑仏経、復不信向之、当自然入悪道中。無量清浄仏哀愍、威神引之去耳。

〔呉訳〕　便道見阿弥陀仏国界辺自然七宝城中。……身行所作、自然得之。皆心自趣向。道入其城中。其人本宿命求道時、心口各異、言念無誠信、狐疑仏経、復不信向之、当自然入悪道中。阿弥陀仏哀愍、威神引之去爾。

〔魏訳〕　これに相当する文章がない。

これは三輩中の中輩について述べたものであるが、最初の「自然七宝城」の自然は「自生的に現れた」の意に解せられるのに対し、あとの二つの自然は必然の意をもつと見られる。そのうちに「宿命」の語が見えるが、これは前世の宿業の意に解せられる。自然が「必然的な運命」の意に接近して行く過程を示している。

〔漢訳〕　其三輩者、……便道見二千里七宝城、心中独歓喜、便止其中。……復去無量清浄仏、亦復如是第二輩狐疑者。其人久久亦当智慧開解、知経勇猛、心当歓楽、次如上第一輩也。所以者何。皆坐前世宿命、求道時、中悔狐疑、暫信暫不信、不信作善復得其福徳、皆自然得之耳。随其功徳、有鉉不鉉、各自然趣向。

〔呉訳〕　便道見二千里七宝城、中心歓喜、便止其中。……復去阿弥陀仏大遠、不能得近附阿弥陀仏、亦復如是第二中輩狐疑者也。其人久久亦当智慧開解、知経勇、心当歓楽、次如上第猛一輩也。皆坐前世宿命、求道時、中悔狐疑、暫信暫不信、不信作善得其福徳、皆自然得之爾。随其功徳、有所鉉不鉉、各自然趣向。

〔魏訳〕　これに相当する文章がない。ただし、そのかわりに、「当発無上菩提之心、一向専意、乃至十念、念無量寿仏、願生其国。若聞深法、歓喜信楽、不生疑惑、乃至一念、念於彼仏、以至誠心、願生其国、此人臨終、夢見彼仏、亦得往生。功徳智慧、次如中輩者也」という、他の二訳にはない特色がある文章が見える。

これは三輩中の第三輩について述べた部分であるが、その中の「自然」は、いずれも「前世の宿命」による必然の結果であることを示している。

〔漢訳〕　其四悪者、……亦不知恐懼、恣意憍慢。如是天神記識、頼其前世宿命、頗作福徳、小善扶接、営護助之。今世作悪、福徳尽滅。諸善鬼神、各去離之。身独空立、無所復依、受重殃謫。寿命終、身悪繞帰。自然迫促、当往追逐、不得止息。

自然衆悪、共趣頓之。其有名籍、在神明所。殃咎引牽、当値相得、当往趣向、受過讁罰。身心摧砕、神形苦極。不得離却、但得前行、入於火鑊。当是時、悔復何益。当復何及。天道自然、不得蹉跌（三毒五悪段）。

〔呉訳〕右とほとんど同文。

〔魏訳〕其四悪者、……無所憂苦、常懐憍慢。如是衆悪、天神記識。頼其前世頗作福徳、小善扶接、営護助之。今世為悪、福徳尽滅。諸善鬼神、各共離之。身独空立、無所復依。寿命終尽、諸悪所帰、自然迫促、共趣頓之。又其名籍、記在神明。殃咎牽引、当往趣向。罪報自然、無従捨離。但得前行、入於火鑊、身心摧砕、精神痛苦。当斯之時、悔復何及。天道自然、不得蹉跌（三毒五悪段）。

三世報応説からすれば、今世の罪悪が来世において悪報を受けることは、全く自然必然の道であって、いわば自然法則のようなものである。したがって、ここでは他の宗教で説くような「神の裁き」といったものが介入する余地はないはずである。それにもかかわらず、この三毒五悪段では、「是の如き衆悪は、天神記識す」といい、あたかも悪因悪果を神の審判によるかのように述べている。これは明らかに仏教の因果応報説と矛盾する考え方である。実はこれは中国古来の民俗信仰を仏教の応報説に習合させた結果と見られる。中国の古い民俗信仰のうちに泰山信仰があり、泰山府君《たいざんふくん》（泰山の役所の長官）とよばれる神を信じていた。この神は人間の行為の善悪によって、その寿命の長さを決定し、期限がくると冥府である泰山によびよせるものとされた。このため泰山府君の役所には、各人の行状や寿命を記録した台帳があった（拙著『中国古代神話』）。五悪段に「是の如き衆悪は、天神記識す」「又其の名籍は、記して神明に在り」というのは、まさにこのことを暗示する。とくに「火鑊《かかく》に入り、身心摧砕《さいさい》す」、すなわち熱せられた大釜の中に投げ入れて、身心ともに砕くという表現は、後の地獄説を連想させるものがある。事実、中国風の地獄説は、この泰山信仰を中核として発展したものともいえよう。その萌芽と見られるものが五悪段のうちに見出されるのである。

以上は、『無量寿経』に見える、おびただしい自然の語のうち、その一部分をあげたにすぎないが、その三毒五悪段を中心とする後半部においては、その「自然」が「必然」の意に用いられた例が多いことがうかがわれるであろう。これに対して、『無量寿経』の前半部では、自然を「自動的」「自生的」の意に用いた例が圧倒的に多いといえる。

二　『無量寿経』三訳の訳語がもつ老荘的色彩とその浄土教に残した影響——無為と涅槃

無為や自然という言葉は、もともと老荘がはじめて用いた語であり、老荘思想の本質をしめす術語である。ところが『無量寿経』が翻訳された漢（後漢末期）・呉・魏は六朝時代初期にあたり、あたかも老荘思想の全盛期に相当していた。このため『無量寿経』を訳する場合に、老荘用語を多く利用したとしても不思議ではない。

いま特に老荘思想的色彩の強い「無為」や「自然」の用例をあげ、それが浄土や泥《ない》洹《おん》（涅《ね》槃《はん》）と、どのような関係があるかについて見たい。

〔漢訳〕　無量清浄仏国、為諸無央数国中、都自然之無為也。無量清浄仏国、為最快明好、甚楽之無極也。

〔呉訳〕　阿弥陀仏国、……諸仏国中之都自然之無為、最快明好、甚楽之無極。

〔魏訳〕　これに相当する文章がない。

これは『無量寿経』の前半部にあるもので、自然が「自動的に」の意に用いられている文章中にある。したがって、ここにいう「自然之無為」も、「すべてが自動的に供給されて、人手間《ひとでま》をまったく必要としない」の意であると推定される。このような意味の自然無為の思想は老荘にはないから、用語は老荘的ではあるものの、あまり老荘思想とは関係がないと見られる。

〔漢訳〕念道無他之念、無有憂思、自然無為、虚無空立、淡安無欲。……過度解脱、敢昇入於泥洹、長与道徳合明、自然相保守。……巍巍之燿照照、一旦開達、明徹自然中自然相、然之有根本。自然成五光至九色。五光至九色、参廻転数、百千更変、最勝之自然。

〔呉訳〕念道無他之念、無有憂思。自然無為、虚無空立、恢安無欲。……過度解脱、能升入泥洹、長与道徳合明、自然保守。……巍巍之燿照、燿照一旦開達、明徹自然中自然相、然之有根本。自然成五光至九色。九色参廻転、百千更変、最勝之自然。

〔魏訳〕後生無量寿仏国、快楽無極。長与道徳合明、永抜生死根本、無復貪恚愚痴苦悩之患。欲寿一劫百劫、自在随意、皆可得之。無為自然、次於泥洹之道。

この一節は三毒五悪段の直前にあるが、三毒五悪段と同じく、梵本に該当する部分がまったくない箇所であり、中国人の作になると思われる部分に属する。

この節の文章は、魏訳のそれを除き、その表現が晦渋《かいじゅう》であり、その意味を十分に解明することが難しい。しかし自然を異常なまでに強調していることだけは確かである。いま、このことだけを取上げることにしたい。

右の漢呉魏三訳では「自然無為にして、虚無空立し、淡安無欲なり」というきわめて老荘色の強い内容が、やがては「泥洹」に結びつけられていることが注目される。無為自然と涅槃とは、いったいどのような関係にあるのであろうか。

漢呉の二訳では「敢えて泥洹に昇入し、長く道徳と明を合す」という。この道徳は、むろん儒教のそれではなく、老子風のものである。『老子』（第五十一章）に「道、之を生じ、徳、之を畜《やしな》う」の語があり、『史記』老子伝には「老子は道徳を修む。其の学は自隠無名を以て務めと為す。書上下篇を著し、道徳の意を言うこと五千余言なり」という。このため『老子』の書は『老子道徳経』ともよばれる。それでは道徳の具体的な内容は何か。ほかでもなく無為自然である。

したがって「敢えて泥洹に昇入し、長く道徳と明を合す」という文章は、涅槃がそのまま無為自然の状態である、という意味に解することも可能であろう。ただし魏訳では「無為自然にして、泥洹《ないおん》の道に次ぐ」といい、漢呉二訳とは少し違った立場にあるように見える。もし「次」を「つぐ」「ちかし」の意にとるならば、無為自然は涅槃に次ぐ、これに近接した境地であるという意味になる。もしそうだとすれば、無為自然は泥洹より一段下の境地だということにもなる。しかし、いずれにしても無為自然が涅槃に極めて接近した境地であることだけは確かである。

そこで問題にしたいことは、涅槃の古訳が「無為」であったという事実である。東晋の郗超《ちちょう》（三三六〜三七七）の『奉法要』（『弘明集』所収）に「泥洹は、漢に無為といい、亦滅度という」といい、初期の翻訳では涅槃を無為と訳していたと述べている。しかし梵語の「無為」は「人為を無くする」という意味ではなく、「因縁の働きかけを受けない」という意味であり、したがって「常住不変のもの」の意になるという。これは現在では常識になっている事実である。

しかし初期の中国人が、このように原語に忠実な解釈を行い得たか、ということになると、問題はおのずから別になる。梵文に通暁していた専門家はいざ知らず、一般の中国人は訳文だけに接していたのであるから、経に「無為」という語があれば、何の疑いもなく「人為を捨てる」の意に解するであろう。しかもそれは初期だけに限らず、仏教の理解が相当に進んだ後にも、なお免れ難いことであった。

一例を南朝宋の宗炳《そうへい》（三七五〜四四三）についてみよう。宗炳は廬《ろ》山《ざん》の慧《え》遠《おん》について学んだ居士《こじ》であるが、『明仏論』（『弘明集』所収）に次のような言葉が見える。「老子は無為を明らかにす。無為の至りは、即ち泥洹の極なり」。もっとも明仏論は問答体で構成されており、この一句は問者の言葉のうちに見えているのであるから、宗炳自身のものではない。しかし宗炳はこの一句に対して何の反論も加えていないから、自明のこととして認めていた可能性が強い。おそらく老荘の無為と仏教の涅槃とを同一視することが、当時の知識人一般の常識となっていたのであろう。

周知のように、老荘を通じて仏教を解釈する立場を格義《かくぎ》とよぶ。しかし普通に格義仏教といえば、もっぱら経文の解釈について言う場合が多く、その著しい例としては、仏教の空を老荘の無で解釈する場合をあげることが多いようである。しかし格義というのは、ひとり解釈の立場に現れるばかりでなく、むしろそれに先行する経典の翻訳のうちに見られるのである。

『梁高僧伝』の鳩摩羅什伝に「大法の東被、漢明に始まりてより、魏晋を渉歴し、経論漸く多し。而して支竺の出だす所は、滞文格義多し」といい、仏教が後漢の明帝の時に始まり、魏晋時代を経て、経論はしだいに多くなったが、外国人僧が訳出したものであるため、意味の通らない文章や、格義が多かったと述べている。これを見てもわかるように、格義という言葉は、まずもって訳出された経典について用いられたのである。その後、中国人の老荘風解釈をも、格義とよぶようになったのであるから、経典の翻訳が先行して、その後に解釈が生まれた、という順序を踏んでいるのである。経典そのものが格義的なのであるから、これに基づいた解釈が格義的になるのは当然であった。

このことからもうかがわれるように、羅什以前に訳出された経典には格義的用語が少なくないことが予想される。そして問題の『無量寿経』の三訳は、まさに羅什以前に訳出された初期経典に属する。

『無量寿経』三訳に老荘用語が多いことは、すでにあげた諸例によっても明らかであるが、いまその最も典型的な一例をあげてみよう。

〔漢訳〕諸生無量清浄仏国者、……其身体者、亦非世間人之身体也。亦非天上人之身体也。皆積衆善之徳、悉受自然虚無之身体。其姝好無比。

〔呉訳〕諸生阿弥陀仏国者、……其身体、亦非世間人身体。亦非天上人之身体。皆積衆善之徳、悉受自然虚無之身、無極之体、其姝好無比。

〔魏訳〕彼仏国土、清浄安穏、微妙快楽、次於無為泥洹之道。其諸声聞菩薩天人、……顔貌端正、超世希有。容色微妙、非天非人。皆受自然虚無之身、無極之体。

この一節は経の前半部に見えるものである。そのうち「自然虚無」は、老子が自然の極致を無に求めるところから出た造語であり、「無極」は『老子』第二十八章の「無極に復帰す」に典拠をもつ語であって、いずれも老荘用語である。このような老荘用語に相当する語が、原梵文にあったとはとうてい考えられないので、訳者が付加したものとするほかはないであろう。

『無量寿経』をはじめとする初期仏典に共通する特徴の一つは、翻訳にあたって語学的な正確さを求めるよりも、中国人にとって理解されやすいということを、より優先させた点にある。したがって原梵文にない語でも、中国人の理解を助けるために、自由に付加することが行われたようである。

普通、『無量寿経』に後人が付加した部分としては、もっぱら三毒五悪段が指摘されるが、それは三毒五悪段に付加が集中し、目につきやすいからである。実は、後人による付加は、『無量寿経』の全般にわたっていると見るのが正しいであろう。

思い切っていうならば、『無量寿経』に見える、おびただしい「自然」の語も、実は原梵文にはまったくなくて、ことごとく訳者が付加したものではないかという疑いもある。もとより三訳が拠った原梵本が失われているのであるから、これを断言することはできない。しかし現在伝えられている『無量寿経』の梵本には、「自然」に相当する語がまったく見られないことから考えると、その公算は大である。

このように『無量寿経』の三訳に老荘用語がきわめて多いということは、いいかえればこの経には格義的要素が多いということである。このような仏典をそのままに信奉する浄土教の人々は、無意識のうちに老荘的な方向に導かれてゆく可能性をもつ。いま、その一例として善導と親鸞の場合をあげてみたい。

中国における浄土教の大成者として知られる善導に、次のような言葉がある。

仏に随い、逍遥して自然に帰す。自然は即ち是れ弥陀国なり(『法事賛』下巻)。

西方寂静無為の楽は、畢竟《ひっきょう》逍遥して、有無を離れたり(『観経疏』定善義)。

このうち「自然」や「無為」の語には、何の説明もないので、はたしてそれに老荘的な意味があるのか否か、明確ではない。しかし、ここに一つの決め手となる語がある。それは「逍遥」にほかならない。「逍遥」という語は、『荘子』の開巻第一の逍遥遊篇をはじめとして、荘子の書にしばしば現れるものであり、きわめて荘子色の強い言葉である。その意味は、あらゆる差別対立を越えて、悠々自適の心境に遊ぶことである。善導がこの語を用いた際には、おそらく荘子を意識するか、少なくとも何程かの連想が働いていたことは確かであろう。

もちろん、このような片言隻句《へんげんせきく》を捕えただけで、善導の教学の全貌を語ることはできない。ただこのような老荘思想への親近感があったことを指摘するにとどめたい。

日本の浄土教の中でも、とくに他力《たりき》を強調し、徹底させた親鸞の場合は、老荘的な無為自然の思想が著しく現れている。

他力の思想は早く曇鸞にあらわれ、さらに遡れば龍樹に発するとされているから、もちろん老荘とは無関係に生まれたものであろう。しかし他力は自力を否定するところから生まれるのであるから、それは意識的な努力・人為をすてること、老荘的な意味での「無為」に通じ、さらにこれと表裏の関係にある「自然」に結びつくものである。

親鸞の文章のうちには、このことをしめす言葉が極めて多い。

他力と申候は、とかくのはからひなきを申候なり（『末燈鈔《まっとうしょう》』）。

行者のはからひを、ちりばかりもあるべからず候へばこそ、他力と申事に候へ（同上）。

自然といふはしからしむといふ。行者のはじめてはからはざるに、過去今生未来の一切のつみを転ず。……はじめてはからはざれば、自然といふなり（『唯信鈔文意』）。

これらの文章は、他力↓はからはず↓無為↓自然という展開の過程を、よく示しているといえよう。

この無為自然の思想は、親鸞最晩年八十六歳の法語を記録した『自然法爾章《じねんほうにしょう》』に至って、その頂点に達する。

自然といふは、自はおのづからといふ。行者のはからひにあらず、しからしむといふことばなり。然といふは、しからしむといふことば、行者のはからひにあらず、如来のちかひにてあるがゆへに。法爾といふは、この如来のおむちかひなるがゆへに、しからしむるを法爾といふ。法爾は、このおむちかひなりけるゆへに、すべて行者のはからひのなきをもて、この法のとくのゆへにしからしむといふなり。

すべて、人のはじめてはからはざるなり。このゆへに他力には、義なきを義とす、としるべしとなり。

　自然といふは、もとよりしからしむといふことばなり。弥陀仏の御ちかひの、もとより行者のはからひにあらずして、南無阿弥陀仏とたのませたまひて、むかへむとはからはせたまひたるによりて、行者のよからむとも、あしからむともおもはぬを、自然とはまふすぞとききて候。

　ちかひのやうは、無上仏にならしめむとちかひたまへるなり。無上仏とまふすは、かたちもなくまします。かたちもましまさぬゆへに、自然とはまふすなり。かたちましますとしめすときには、無上涅槃とはまふさず。かたちもましまさぬやうをしらせむとて、はじめて弥陀仏とぞききならひて候。みだ仏は自然のやうをしらせむれう（料）なり。この道理をこころえつるのちには、この自然のことは、つねにさたすべきにはあらざるなり。つねに自然をさたすれば、義なきを義とすといふことは、なほ義にあるになるべし。これは仏智の不思議にてあるなり。

愚禿親鸞八十六歳

その奥書には「正嘉二歳（一二五八）戊午十二月日、善法房僧都御坊、三条とみのこうぢの御坊にて聖人にあいまいらせてのききがき。そのとき顕智これをかくなり」とある。九十歳まで生きた親鸞の、八十六歳の時にその最後に到達した境地を明らかにしたものであるだけに、彼の文集中においても最も大きな比重をもつ文章であるはずである。

しかし遺憾なことに、多くの真宗学者の努力にもかかわらず、今日に至るまでこの『自然法爾章』の解明が十分な成功を収めているとは思われないのである。もちろん訓詁《くんこ》的な解明はあるが、この文章の意図を読者に十分に納得させるだけの力には欠けているようである。とくに最後の「みだ仏は自然のやうをしらせむれうなり」の一句については、その感が深い。

見方によれば、この最後の一句は、弥陀仏が通常考えられているような人格神的存在ではなく、実は人々に自然という理法を語らせるための方便手段でしかない、とも受取れる文章である。このような宗門人にとっては悪魔的な響きをもつ言葉が、親鸞の口から洩れるとはとうてい考えられないことであろう。

もし万一それが事実であるとすれば、法蔵比丘《びく》が誓願によって阿弥陀仏となったという『無量寿経』の神話は、その価値が著しく低下することを免れない。それは宗門人にとっては一大事である。その故にこそ、親鸞自身も「この道理をこころえつるのちには、この自然のことは、つねにさたすべきにはあらざるなり」といったのではないか。その真意は、宗門人の困惑と混乱とを避けたい、という配慮にあったのではないであろうか。

この問題はしばらく別としても、親鸞の思想が無為と自然を重視する立場で貫かれていることは、疑う余地のない事実であろう。無為や自然という老荘的要素を多分に摂取しているということは、それが格義的であるということになる。純粋にインド仏教学の伝統を守るという立場からは、それは正統から外れたものとして排除される可能性もある。

しかし仏教がたんにインド民族の宗教として終わるべきものではなく、世界宗教として発展すべき使命をもつものであるならば、それが文化を異にする民族に伝えられた場合、その教理に新しい要素が加わることは、不可避であるばかりでなく、必要不可欠であるとさえいえよう。それは仏教を世界宗教として発展させ、絶えざる新しい生命力をあたえる源泉となるものだからである。

III

死の象徴としての阿弥陀仏

一

私は中国思想史を専攻する者でありまして、仏教についてはまったくの素人であります。ただ「現代には、こういう仏教の見方をしている者もいる」という一例として、何かの御参考になればと存じ、卑見を述べさせていただきたいと思います。

私が以前から痛感していることは、「ある一人の人間が、どのような宗教を選ぶか」ということは、結局は「相性」といったものによって決定されるのではないか、ということであります。

個人的なことを述べて申しわけありませんが、私の家は先祖代々の日蓮宗であったのですが、私はどうも日蓮さんとは性が合わないのであります。それはけっして日蓮宗の教義が誤っているとか、くだらないというのではなくて、要するに私の性格に向かないのであります。また、たとえば道元さんなどは、実に立派な人として尊敬いたします。その書物を見ても、心を打たれるような言葉が少なくありません。しかし、それでは道元さんに倣《なら》って只管打坐《しかんたざ》することができるかと申しますと、私にはとても厳しすぎて付いていけません。結局、私が選ぶことができる道は、『歎異抄《たんにしょう》』の「さらに上根《じょうこん》のひとのためにはいやしくとも、われらがためには最上の法にてまします。たとひ自余の教法はすぐれたりとも、みづからがためには、器量およばざれば、つとめがたし」という言葉通りになるほかはないのであります。

そうすると親鸞の浄土真宗だけが私の性格に合っていることになるのでありますが、しかし実はここにも大きな一つの障害が残っているのであります。その障害については後に述べますが、少なくとも従来説かれてきた形のままでの浄土真宗では、どうも私には工合が悪いのであります。

すでに出来上っている真宗の教義というのは、いわば既製服のようなものですが、この既製服がどうも私の身体に合わないのであります。もっとも、これが宗門内の方ならば、既製服に身体を合わせるように工夫されるのかも知れませんが、宗門外の人間にとっては、それはベッドの長さに合わせて足を切るといった感じが致します。やむを得ず、既製服に手を入れるということになります。

この既製服に手を入れるということは、いかにも不埒《ふらち》なことのようですが、実は浄土教の歴史を見ても、昔から実行されてきたことのように思われます。たとえば法然は「偏依善導」といい、すべて唐の善導の教えをそのまま忠実に受けついだはずでありますが、やはり無意識のうちに袖を長くしたり、ズボンを切ったところがあるような気がします。また親鸞も「偏依法然」であったはずでありますが、結果においては随分手を入れて、自分の身に合うように改造された部分が見受けられるのであります。これは宗教というものが、さまざまの時代の人間、或いはさまざまの個性をもつ人間の要求に答えるものである限り、そうならざるを得ないのであり、またそうであるべきである、と考えるのであります。

それは単に先師の教えに手を入れるばかりでなく、経典の解釈においても重大な変更を加えるところまで進むことがあります。たとえば『無量寿経』の第十八願のところには、「唯、五逆と正法《しょうぼう》を誹謗《ひぼう》するものを除く」という但書《ただしがき》が付いております。五逆はしばらく別としても、時々『無量寿経』のことを批判したりする私などは、さしずめ阿弥陀仏の救いの手から漏れるほかはありません。ところが日本の浄土教では、この但書がほとんど無視されており、「これは五逆や正法の誹謗をさせないための方便として言われたものである」という解釈が一般的であるようであります。この但書は経典の正文《しょうもん》であるにもかかわらず、骨抜きにされております。ここらが既製服に手を入れたところではないでしょうか。これで私など安心して胸を撫で下ろしてよいかと申しますと、そうはまいりません。もっと厳しい条件が待ち受けております。

それはほかでもなく、南無阿弥陀仏という称名、或いは少なくとも阿弥陀仏に対する信心ということであります。この信心こそ浄土教の生命であるということは、しばしば強調されるのでありますが、これは今日の凡人にとっては至難のわざとなり、大きな躓《つまず》きの石になっているのであります。

よく言われますように、わが国はすでに四百年の昔の江戸時代初期から、世俗化の時代、宗教離れの時代に入っております。つまりインテリである武士階級を中心に、儒教の合理主義が圧倒的な優位を占めるようになり、信仰から遠ざかる傾向が強くなりました。いわんや明治・大正を経た現代においては、西方十万億土の彼方に浄土や阿弥陀仏が実在するといった「神話」をそのままに信ずる人は、ごく例外的な少数になったといえます。今日のインテリ層の間にも親鸞ファンは根強く存在しておりますが、それでは彼らが阿弥陀仏の存在を信じているかといえば、実はそうではなくて、阿弥陀仏不在の親鸞ファンが圧倒的大多数を占めていると思われます。つまり宗教的な要求は根強くありながらも、理性を越えたものへの信仰ということは、現代人にとっては至難のわざとなってしまったのであります。

二

浄土教は、難解な教理や厳重な戒律を必要としないので、易行道《いぎょうどう》だといわれてまいりました。しかし、もし信心ということを絶対の条件だとしますと、なるほど鎌倉時代の人々にとっては易行道であったかも知れませんが、世俗化の進んだ今日では、難《なん》行道《ぎょうどう》中の難行道に変質してしまったのではないでしょうか。

それではその難しい信心を何とか手に入れる方法はないかと申しますと、たとえば法然などは「いつも念仏をくりかえしている内に、自然に信心も出来てくるものだ」という意味のことを言っていられるようであります。確かに、そういう道から信心に入る人もあろうかと思われます。しかし幼少の時から念仏を称《とな》える習慣を持たなかった人間にとりましては、いかに信心を得るためとはいえ、から念仏を称えることには大きな抵抗を感じないではいられません。それに、こういう話もあります。英文学者本多顕彰氏の父君は熱心な浄土教の信者で、一日中絶えず念仏を称えていられたそうでありますが、あるとき自分が癌を患《わずら》っていることを知ったとたんに、「自分のような信心のある者が、なぜこのような病気に罹《かか》らなければならないか」と泣き出し、それきり念仏もやめてしまったということであります。このようなことから見ましても、真実の信心を得ることは如何に難しいかがわかります。少なくとも私のような人間には、自力のはからいによって信心を得ることは絶望するよりほかはありません。

幸いにも『歎異抄』には「念仏の申さるるも、如来の御はからひ」「如来より賜りたる信心」といった言葉が見えておりまして、念仏や信心は、人間の自力や努力によって得るものではなく、仏の方から与えられるものだという考え方が示されております。

普通の宗教では、信仰と救いが引き換え制になっておりまして、信仰という切符を出さないと、救いの門には入れてもらえないことになっております。ところが、この『歎異抄』の考え方を徹底させるならば、浄土への入場券も仏の方から渡されることになります。もしこの考え方が正しいとするならば、浄土真宗の門に入るためには何も必要でない。信心さえも向う持ちであります。

これで信仰の問題は一往の解決をしたかのように見えますが、それはけっしてそうではありません。実はより大きな問題が生まれてくるのであります。

それはほかでもなく、仏が衆生に信心を賜わるといいながら、現実として世の中には不信者が大変多いという事実があります。親鸞の時代にも不信者が随分多かったようで、親鸞はそういう不信者に対しては、「あわれみをなし、悲しむ心を持つべし」と教えております。しかし、いくら憐れみ悲しんでもらっても、それで不信者が救われるわけではありませんから、やはり大きな問題が残されることになります。

しかも、それは阿弥陀仏のもつ性格の問題にも、跳ね返ってまいります。阿弥陀仏は広大無辺の慈悲の持主であるといわれながら、ある人間には信心を与え、ある人間には与えないという、信心の不公平な分配をすることになります。恩寵の不公平な分配ということではカルヴィニズムの神が有名ですが、阿弥陀仏もこれに近い性格の持主であるということになりかねません。

現在、世界の人口は五十億に達するといわれておりますが、そのうち阿弥陀仏の名を知っているものが何パーセントあるでしょうか。江戸後期の大坂の町人学者である山片蟠桃《やまがたばんとう》は、その著の『夢の代《しろ》』の中で「世界の六大洲のうちで阿弥陀仏を知っているのはアジア洲の人々だけである。したがって弥陀の悲願は、いかに行き渡っても世界の六分の一に過ぎない。三千世界の人畜草木までも成仏するというのは、大言に過ぎるではないか」という意味のことを述べております。もし念仏と信心とが不可欠の条件であるとすれば、世界の人口の大部分は、弥陀の救いの手から漏れてしまうことになるのではないか。それでは弥陀の教えは、例外中の例外の人間だけにしか適用されない特殊な教えになる恐れがあると思われます。

それだけではありません。今日生まれて、明日死んでゆく赤子は、もちろん念仏や信仰の能力を欠いております。この赤子たちは、永遠に救われる道を閉ざされているのでありましょうか。それではあまりにも無慈悲であり、残酷というほかはありません。

三

それでは浄土真宗以外に、信心を必要としない教えがあるのではないかと、私なりに捜してみたことがあります。まず最初に目についたのは一遍の時宗であります。これは有名な話でありますが、一遍は遊行《ゆぎょう》の旅に出て、会う人毎に念仏札、つまり極楽ゆきの切符を配って歩きました。あるとき高野山から熊野へ出る途中で、一人の僧に会い、「一念の信心を起して、南無阿弥陀仏と称へて、この札を受け給ふべし」といって念仏札を渡そうとしたところ、その僧は「いま一念の信おこり侍らず、受けば妄語なるべし」と答えて、念仏札を拒絶した。これには一遍も大きなショックを受けたのであります。弥陀仏は普《あまね》く衆生を救うというのに、これを信ぜず、したがって弥陀仏の慈悲から漏れる人間がいることになる。これでは普く衆生に福音を伝えるという一遍の立場が、根本から覆ることになる恐れがあります。

思い余った一遍は、熊野神社に参籠して、神のお告げを乞うたところ、熊野権現が現れて、「お前の布教の仕方は誤っている。十劫《ごう》の昔に法蔵比丘が誓いを立てて阿弥陀仏になられたとき、すでに一切衆生の成仏は決定してしまっている。だから信不信を問わず、その札を配るがよい」というお告げがあった。いわゆる十劫成仏の説であります。ここに一遍の時宗では、信を必須の条件とせず、不信の者に対しても、救いの門が広く開かれたわけであります。

それでは時宗の門徒になるのは簡単かと申しますと、なるほど信心も要らぬというのは大変ありがたいのですが、そのかわりに物凄い付帯条件がついているのであります。一遍の考え方では、衆生はすでに十劫の昔に成仏しているとはいうものの、それをより確かなものにする必要があるとしていたようであります。このため、執着を起こすようなものは一切捨てなければならぬという、いわゆる捨家《しゃけ》棄欲の必要を強調しました。そこで時衆を引きつれて遊行の旅に出て、念仏札を配って歩くという生涯を送り、ついに旅先で死んだのであります。これは私などのような人間には到底できないことであり、残念ながら時宗になることは断念するほかはありません。

そこで時宗と同様に信不信を問わないで、しかも難行苦行を必要としない仏教はないかと探しておりますと、「越前拝まずの衆」というのが目についたのであります。これは蓮如以前から福井・鯖江《さばえ》・武生《たけふ》あたりを中心にひろがっていた真宗系の仏教で、一括して三門《さんもん》徒宗とよばれていたものであります。現在でこそ、その信仰内容は本願寺のそれと大差がなくなっておりますが、かっては「拝まずの衆」といわれたように、よほど特異なものであったと思われます。

その詳しい内容は、もとの資料がほとんど失われ、ただこれを批判した文献だけが残されているという状態ですから、正確にこれを知ることはできません。しかし、そうした間接的な資料を通じて、おぼろげながらもその姿を想像することはできます。

これによると三門徒宗は、さきの一遍の時宗と同じく、十劫成仏を根本の立場としているようであります。つまり法蔵比丘が十劫の昔に誓願を果たして阿弥陀仏になったとき、われわれ衆生も同時に阿弥陀仏になったのであるから、いまさら手を合わせて阿弥陀仏を拝む必要はないというのであります。江戸時代の文献によると、強いて手を合わせる必要があるときは、手の先を自分の胸の方へ向けるという。これは我が心の中の弥陀、いわゆる「己心の弥陀」の思想があることを暗示しております。

しかし、このように各人が弥陀であり、拝む必要もないというのであれば、寺を建てたり、住職をおいたりする必要もなくなるはずで、教団が成立しなくなる恐れがあります。ところが、よくしたもので、三門徒宗には「知識帰命《きみよう》」の信仰、つまり善知識を先覚者として崇《あが》める信仰があったようであります。そこに善知識を中心とする教団が成立したものと思われます。

ところで、この「己心の弥陀」「知識帰命」ということは、実は一遍の時宗にもあったもので、三門徒宗はそれをそのまま引き継いだものと思われます。もともと北陸は時宗の重要な拠点の一つであったところであり、三門徒宗はその地盤の上に成立したのでありますから、時宗の影響を強く受け取ったとしても不思議ではありません。

それはさておいて、この三門徒宗や時宗のように、十劫成仏を唱えて、わが身そのものが弥陀仏であるとする考え方には、私自身どうしても付いて行けないところがあります。自分を持て余して愛想をつかしている人間にとっては、とても自分を弥陀仏であるなどとは考えることができません。かりに仏性が人間に内在するものとしても、それは煩悩の厚い層の下に隠れているはずでありますから、この仏性を発見するためには、それこそ時宗の捨家棄欲や禅宗の只管打坐といった厳しい修行を必要とするに違いありません。それは私にはとても出来ないことです。

四

そうすると、結局また振り出しに戻って、親鸞に帰らざるを得ないことになります。といっても、もし阿弥陀仏が有形の人格神であるとすれば、やはり「信心」が必要だということになり、これは大変困ったことになります。ただ幸いなことには、私の見るところ、晩年の親鸞には心境の変化があり、その弥陀仏観が変わってきているように思われるのであります。

その変化と申しますのは、弥陀仏を人格神と見る立場から、非人格的で理法的な存在、ロゴス的な存在として見る立場へ、移動してきているように思われることであります。

その第一段階と見られるのは、親鸞が「久遠実成《くおんじつじょう》の阿弥陀仏」という言葉を用いるようになったことであります。その八十歳前後に書かれたとされる『浄土和讃』に、「弥陀成仏のこのかたは、いまに十劫とときたれど、塵点久遠劫よりも、ひさしき仏とみへたまふ」「久遠実成阿弥陀仏、五濁《ごじょく》の凡愚をあはれみて、釈迦牟尼仏《しゃかむにぶつ》としめしてぞ、迦耶《かや》城には応現する」とあります。ここでは法蔵比丘という人間から生まれた阿弥陀仏という人格神ではなくて、永遠の昔から存在するロゴス的存在、つまり法身《ほっしん》としての阿弥陀仏ということに、重心が転移してきているのであります。

さらに最晩年の八十六歳のときの言葉を記録した『自然法爾章』には、「無上仏とまふすは、かたちもなくましてます。かたちもましまさぬゆへに、自然とはまふすなり。かたちましますとしめすときは、無上涅槃とはまふさず。かたちもましまさぬやうをしらせむとて、はじめて弥陀仏とぞききならひて候。弥陀仏は自然のやうをしらせむれうなり」という言葉が見えます。この「自然」が何を意味するかはしばらくおき、ここで弥陀仏が無形のものであることを強調しているのは、さきの久遠実成の阿弥陀仏に対応するもので、弥陀仏がロゴス的な存在であること、法身であることを主張しているものと思われます。

もちろん三身説は仏教の伝統思想のうちにあるものであり、その意味では格別に事新しいことではないといえるかもしれません。しかし、ここに至って特に阿弥陀仏の法身的な側面を強調したことには、やはりそれなりの意味がなくてはなりません。

もし弥陀仏が人格神的存在であるならば、弥陀仏と人間との結びつきは、信仰という関係においてのみ可能となります。しかし信心というものは誰でも持ちうるものではありません。信心を持たないものは、当然の結果として弥陀の慈悲から漏れることになります。そこに信心の不公平な分配という問題も生じてくるわけです。

ところが、もし弥陀仏が法身であり、ロゴス的な存在であるならば、それは理性の射程距離のうちに入るものとなり、理性によって測定することも可能になってまいります。人間が理性的存在であるとするならば、たとえ信心の持てない人間でも、その聖域に参入することが可能になるはずであります。

このような方向を推し進めて行ったのは、私の見るところ、明治の清沢満之《きよざわまんし》ではないかと思います。清沢満之はその『宗教哲学骸骨』などにおいて、窮極的な存在を「絶対無限」という言葉で表現しております。もし弥陀仏を絶対無限なる者と規定するならば、私には最もピッタリと感じられますので、何も申すことはありません。ただ絶対無限者という表現は完璧ではありますが、反面どうしても抽象的で、観念的な響きを伴う嫌いがあります。そこで絶対無限者というかわりに、これを「死」と呼びかえてもよいのではないかと思います。

絶対無限者を死と呼びかえた場合には、もちろん少なからぬ語弊を伴います。ふつう常識では、死は生に対するものであり、相対的なものに過ぎないと考えられております。死は生の否定、生の断絶であり、薄暗く、悲しく、恐るべき世界として捉えられております。これは我々が生という局限された立場にある以上、まことにやむを得ないことであります。

『歎異抄』を見ましても、弟子の唯円《ゆいえん》が「急いで浄土へ行きたいという気持ちが起こらないのは、どうしたわけでしょうか」とたずねたとき、親鸞は「自分も同じ不審を抱いていたのに、お前もそうであったのか」といったという、有名な問答があります。

この問答において注目すべきことが二つあります。一つには、親鸞がやはり浄土を死の世界として意識していたこと、二つには、その故にこそ、生きている親鸞が、一方では浄土をこの上なく望ましい世界であるとしながらも、他方ではそこに行きたくないという、矛盾した気持ちを抱いていたことであります。

生という立場から見た死は、あくまでも生の対立者であり、生の恐るべき破壊者であります。特に最近の風潮では、生を絶対化する傾向が強く、一人の生命は地球よりも重いなどといわれますが、このような立場からは、死はいよいよ憎むべきもの、忌むべきもの、避けなければならぬものとされてしまうほかはありません。

しかし、よく考えてみますと、生は瞬間のものであり、死は永遠のものでありす。たとえ人間の平均寿命が延びて百歳になったとしても、これを無限大で割ればゼロになってしまいます。個人の生命がそうであるばかりでなく、人類の生命もまた有限であると考えられます。天文学者の説によりますと、地球の寿命も数億年で尽きるということです。その説は必ずしも全面的には信用することはできないにしても、始めあるものは必ず終わりありという鉄則からすれば、地球とともに人類の絶滅する日がくることは避けられないと思われます。かりにそれが数十億年の後のこととしても、これを無限大で割れば、やはりゼロになってしまいます。

このようにゼロにも等しい有限の生に対して、無限の死の世界を対立させることは、もともと大きな誤りを犯していることになります。われわれ人間は無限の死の世界から生まれてきて、ほんの瞬間の生を経験し、ふたたび無限の世界に帰ってゆくのであります。

この無限の世界を、生の否定とは考えないで、むしろ生を包みこむものとして捉えるのが浄土教ではないでしょうか。その意味で、浄土教は死の肯定の宗教であり、阿弥陀仏は死そのものの象徴であると考えるのであります。

（本稿は昭和五十四年十月三十日、真宗学会大会での講演にもとづく）

あとがき

中国哲学史を専攻してきた私は、老荘思想に興味をもつと同時に、中国仏教にも関心をよせ、両者の関係についての小論を試みてきた。今、それらのうち幾つかを集めて収録したのが本書である。

従来、わが国の中国哲学史の研究分野では、中国仏教を除外し、これを中国仏教の専門家に一任するというかたちになっていた。それには一応もっともな理由があるが、しかしやはり弊害を伴うことを免れなかった。たとえば六朝隋唐の七百年間は、中国知識人の思想的関心が仏教に集中したために、儒教思想にはほとんど見るに足るような発展がなかった。このため儒教中心の従来の思想史の内容が著しく貧弱になり、極端にいえばブランクに近い状態にあった。

また仏教が中国人に受容される場合に、老荘思想が仲介の役割を果したこと、あるいは宋代以後の中国仏教界を独占支配するようになった禅宗が、特に強く老荘の影響を受け取っていることなどは、あまねく知られている通りである。この場合、中国仏教史の研究者が老荘についての理解を必要とすることはもちろん、禅宗を育て上げた中国思想の体質を知るために、思想史の研究者もまた仏教や禅宗の理解を必要とする。近年は、このような反省の上に立ち、両者のいずれにも関心をもつ研究者がしだいに現れているのは、学界のために喜ぶべきことであろう。

このたび法蔵館からのお勧めにより、拙い論考を集めて法蔵選書のうちに加えていただくことになった。これらの論考のうち、最後の「死の象徴としての阿弥陀仏」の一編は、学術的研究というよりも、個人的な宗教観の告白といった色彩が強いが、しかしこれとても私自身の内で老荘と仏教とが交流した結果として生まれたものであり、他の諸編とまったく異質のものとは考えていない。

ここにあらためて御尽力をいただいた同社の岩見潤子さんに謝意を表する。

昭和六十年七月

著　者

解説

蜂屋邦夫

中国は巨大な国である。巨大な国は、思想も巨大である。思想の種類の多さと歴史の長さ、諸思想の幅の広さと奥行きの深さ、諸思想の交錯《こうさく》の複雑さなどの、どの点においても巨大である。その巨大な思想の流れを前にすれば、いったいそれらをどう捉えたらよいのか、我々はしばしば思いあぐねる。

かつてのわが国の中国思想史研究のように、中国思想を代表するものは儒教思想だと考えて、その思想の歴史を中心として追究すればどうであろうか。すると、儒教思想の歴史にも盛衰《せいすい》があり、六朝《りくちょう》から隋唐《ずいとう》にかけては、いわばその「衰」の時代にあたるから、この時代については、「従来の中国思想史の概論書では……ほとんど空白といってよいほど、叙述の内容が貧弱にな」(本書一三五頁、以下同じ)るという結果となる。こころみに、中国学の草分けともいうべき狩野直喜《かのなおき》氏の『中国哲学史』(岩波書店、一九五三年）を見れば、本文六五九頁中、六朝隋唐にさかれた頁数は、わずかに四七頁である。もっとも狩野氏の書は京都大学での講義を草稿と学生のノートを基にまとめたもので、書き下ろしの自著とは違うが、他の概論書も似たようなものである。

なぜこうしたことになるのか。それは「従来、わが国での中国思想史の研究では、仏教を無視するか、軽視するかの、いずれかの傾向が強かった」（一三四頁）からである。むろん現在では、この状況はかなり改善されている。それは、「中国仏教も中国人の思想の営みの上に築かれたものである以上、これを中国思想史の研究から除外することは明らかに不当である」（一三四頁）とする著者らの努力の結果なのである。本書は、そうした著者の問題意識が鮮やかに示されたもので、書名のとおり、老荘《ろうそう》と仏教の思想が中国思想史全体の流れのなかで深く、かつ明晰《めいせき》に論じられている。

本書の対象となっている時代は、六朝隋唐の枠を超え、前漢《ぜんかん》から五代《ごだい》あたりまでの千年以上にわたり、浄土教《じょうどきょう》の問題を論じては、中国のみならず日本の一遍《いっぺん》や親鸞《しんらん》にまで説き及ぶ。とくに日本の浄土思想の論述は著者の生き方と密接に関わっており、日本人研究者による研究として、心情的に深く共感できる。なぜなら、思想とは本来、個人がその時々の状況において自らの生き方を苦心惨憺《さんたん》して選び取るところに形成されるものであり、したがって思想の研究もまた、ただ資料を客観的に分析すれば機械的に生み出される、などというものではないからである。本書の全編にわたって深くて透徹《とうてつ》した見方が示されているのは、著者の生き方そのものが反映しているからであろう。

本書が対象とした時代は、思想史の上ではどのような時代であろうか。前漢は武帝の儒教一尊《いっそん》政策がよく知られているが、それ以前は、秦《しん》以来の民力の疲弊《ひへい》をいやして生産力を回復し、王朝の国力を蓄積するために無為《むい》放任《ほうにん》の政策がとられた。その思想上の拠《よ》り所《どころ》が黄老《こうろう》思想と呼ばれる道家《どうか》の思想である。後漢《ごかん》は豪族《ごうぞく》の連合体のような王朝で、実態は地方分権であるものを王朝として統括するために儒教が尊重された。王朝の力の弱い分、孔子を神のごとく崇拝して社会を統括しようというもので、社会の制度や行動の規範の根拠をすべて儒教に求めた。だが、過度の儒教尊重は偽善の風潮を生み、王室の混乱ともあいまって、やがて太平道《たいへいどう》など宗教集団の反乱をへて後漢は滅亡した。

本書では、後漢の時に信奉《しんぽう》された黄老思想が、前漢の政治的性格のものとは違って宗教的色彩を帯びている点が指摘されている。王室の一族が黄老すなわち黄帝《こうてい》や老子を神格化して信仰したのは、彼らが宮廷の女官たちによって養育され、女官たちは庶民出身で庶民的心情を持っていたからだという指摘（一〇〇頁注7、一〇九～一一〇頁）は、言われてみれば、まことにその通りである。

知識人層と庶民層の心情の違いと、思想の内在論（無神論的で理性的な思想）と超越論（多神論的で感性的な信仰）の違いとを結びつけて把握するのは本書を貫徹《かんてつ》する分析方法であり、本書の長所の一つである。仏教についても、哲学的理論を基礎とした研究や実践と、仏菩薩《ぶつぼさつ》の救済を求める信仰との違いや、禅への志向と浄土への志向の違いが、その観点から説明されており、中国仏教思想の流れの大きなうねりが活写《かっしゃ》されている。

後漢の滅亡後、時代は三国から西晋《せいしん》、東晋《とうしん》へと推移した。儒教は、もはや漢代におけるような時代精神とはなり得ず、三国の魏《ぎ》から西晋にかけて老荘思想を拠り所とする清談《せいだん》が盛行した。やがて北方から異民族が怒濤《どとう》のごとく押し寄せて西晋は滅亡し、王室の一族が長江を渡って東晋を建て、中国人の間に仏教が広く受け入れられた。

仏教は後漢の初め頃に伝来したが、なぜそれから三百年近くもたった東晋になってから始めて中国人に信奉されたのであろうか。本書を読めば、その間《かん》の事情がよく分かるようになっている。中国仏教における初期的な理解のようす、並びに禅と浄土の問題は本書の大きな主題である。本書では、第一には漢代の知識人は政治的で、宗教に対して無関心であり、第二には中華意識による異民族への差別感もあって、仏教に冷淡であったが、前者については中国知識人が三国以降「政治的人間から宗教的人間・芸術的人間への転換」（一一八頁）を行なった点から、後者については西晋末に異民族に敗北したことが異民族の「精神や教養にも侮《あなど》りがたいものがあることを再認識させた」（一二〇～一二二頁）点から、仏教への違和感がなくなったのだと説明されている。

むろん、これらは仏教受容の条件を述べたものであって、仏教を受容した精神の積極面を説明したものではない。では、その積極面とはなにか。本書では、人が前世《ぜんせ》・現世《げんせ》・来世《らいせ》の三世《さんぜ》にわたって自己の行為によって受ける報応の問題と、報応を受ける主体である霊魂の不滅という説とが組み合わされて説明されている。これは、今日では学界の定論であるが、儒教思想と関連させながら、人生の幸福への要求という観点から論じている点は、やはり思想というものに対する著者の眼力《がんりき》の確かさを証するものであろう。

中国知識人が漢代の政治的人間から三国以降の宗教的・芸術的人間へ転換したことについては、知識人が官僚から門閥《もんばつ》貴族へと変化したことと絡《から》めて論じられている。思想と社会状況とに相関関係があることは常識であるが、それをバランスよく論述することは、意外に難しい。本書は、むろん思想に力点を置いたものであるが、社会状況への目配りも適宜《てきぎ》なされている。著者に名著『六朝士大夫《したいふ》の精神』(同朋舎、一九八六年)がある所以《ゆえん》でもある。ただ、「政治的関心と宗教的関心とを同時に並立させることは容易ではない」(一一五頁)と述べているが、欧米の政治や昨今の中東問題を見れば、こう簡単には言えない。著者の発言は、やはり中国理解のための発言なのである。

東晋から南北朝にかけて、仏教は広く深く中国人の間に浸透した。その仏教に触発《しょくはつ》されて、中国独自の宗教である道教も形成された。これに社会の基盤としての儒教が加わり、東晋以後は儒仏道三教《さんぎょう》の鼎立《ていりつ》と融合の歴史になっていく。道教には古来の神仙思想や老荘思想が入りこんでおり、これら相互の関係と、仏教との関係が本書のもう一つの大きな主題である。

本書は、長谷川如是閑《にょぜかん》の『老子』の紹介から始まっているが、如是閑の老子理解は、大局的に見た場合、いまだに色あせていない。これは実に驚嘆すべきことである。とくに「近代のアナーキズムは、主としてロシアの貴族階級から芽生えてきたのであったが、老子教も同じ事情をもったものと考えられる。……すなわちトルストイのアナーキズムのようなものである」(一八頁)という指摘は、かつて老子とトルストイの『イワンのばか』の関連性を考察した（「『イワンのばか』と老子」上・中・下、『UP』一七六・七・八号、八七年六・七・八月）解説子としては、脱帽ものである。如是閑『老子』を引用して冒頭《ぼうとう》にすえた著者の慧眼《けいがん》もまた畏《おそ》るべし、である。

荘子については、禅や浄土との関係が論じられている。「万物斉同《ばんぶつせいどう》の理を『知る』ことは可能であるにしても、その境地に『なる』ことは至難のわざである。……その解決にあたったのは、道家の後継者よりも、むしろ仏教の禅宗であり、浄土教であったといってよい」（三六～三七頁）という総括は、道家思想史や仏教思想史だけを見ていたのでは出てこない卓見《たっけん》である。

老荘思想と仏教・道教との関係は、今日でも大テーマの一つであるが、本書でもさまざまな観点から分析されている。老荘思想と神仙思想には関連があるのかないのか、道教はなぜ禅を取りこんだのか、浄土教は北朝で生まれ、なぜ南朝では発展しなかったのか、知識人の奉じる仏教はなぜ浄土教的な方向に行くのか、なぜ禅と浄土は双修《そうしゅう》されるようになったのか等々、意味深く、おもしろい問題が汲めどもつきぬ泉の水のように湧《わ》き出てくる。中国仏教の担《にな》い手となった知識人について、平安貴族や鎌倉武士など日本の状況とも適宜対比して述べられていることは、本書をより身近なものとするのに一役かっている。

我々は本書を読んで、なるほど中国仏教や道教の思想、老荘の思想というものはこのように豊かに流れており、このように理解すればよく、このような所にも問題は広がっていくのかと眼を開かせられ、納得させせられるのである。

著者が亡くなられた後のことであるが、たまたまある時、著者の手書き資料を見る機会に恵まれた。それは、たしか六朝（隋唐まで含んでいたかどうか憶えていない）の思想資料をさまざまな項目に分類して収集したもので、カード状の用紙に丹念に几《き》帳面《ちょうめん》な字で記入された厖大《ぼうだい》な資料は、著者の真摯《しんし》な学究精神をそのまま物語るものであった。ネット上での資料の検索が飛躍的に容易になってきた現在と違って、本書の流暢《りゅうちょう》な記述は、著者のそうした営々たる苦心の基礎作業があってこそ始めて可能となったものであろう。

最後に、次の二ヵ所は本著者にして千慮《せんりょ》の一失《いっしつ》とでも言うべきところで、ご存命ならば、きっと訂正されたであろう。だが、著者はすでに故人であるため、編集部の方とも話し合った結果、新しい読者諸賢の便宜を考えて次に掲げておくことにした。

一、「後漢末（二世紀末）に、いわゆる五斗米道（天師道）の反乱がおこると」（四六頁）の「五斗米道（天師道）」は「太平道」のことで、この箇所だけの書きまちがいである。

二、心無義《しんむぎ》に関して、その「此《こ》れ得《とく》は神静に在りて、失《しつ》は物虚に在り」を「この説の長所は、心が静かになることであるが、欠点は物が虚無になることである」とし、吉蔵《きちぞう》の心無義に対する「心を空にするだけで、物を空にすることはできない」という解釈と「正反対の方向」（二七二頁）と解しているが、「失は物虚に在り」とは、普通には「欠点は物の虚無を理解しなかった点にある」と解釈されており、吉蔵の解釈と同じである。

なお、これは訂正事項ではないが、格義《かくぎ》仏教を「老荘を通じて理解された仏教」（四八頁）とする説明が何ヵ所かに見える。大局はそれでよいとして、細かく言えば仏教経典中の「事数《じすう》」を中国の書物の言葉に配当して解釈するのが格義である。「東晋時代に始まる」（二六七頁）というより、西晋末の竺法雅《じくほうが》の解釈法で、「事数」とは五陰《ごおん》、十二入《じゅうににゅう》、四《し》諦《たい》、十二因縁《じゅうにいんねん》など、数をつけていわれる仏教語のことであったようである。

（大東文化大学教授・東京大学名誉教授）

初出一覧

老荘思想――中国的世界観　「中央公論」昭和四八年四月号　（原題　老荘――中国的世界観）
老荘思想と仏・道二教　「仏教大学昭和五五年度科研費補助金研究助成成果報告書」（原題　道家の思想と仏道二教）
道教の発生と展開　「仏教大学研究紀要」第一〇号　昭和五七年　（原題　道教の発生過程について）
中国知識人の仏教受容　「アジア文化研究」昭和四七年　（原題　中国知識人の仏教受容の過程）
中国思想における超越と内在　「東洋学術研究」第二三巻第二号　昭和五九年一一月
中国における空の思想　『仏教思想』六「空」下　平楽寺書店　昭和五七年　（原題　中国における空についての論議）
思想史における善導の地位　『善導教学の研究』仏教大学　昭和五五年　（原題　中国思想史上における善導の地位）
『無量寿経』三訳にみる「自然」　坪井俊英博士頌寿記念『仏教文化論攷』仏教大学　昭和五九年　（原題　無量寿経の漢呉魏三訳に見える「自然」の語について）
死の象徴としての阿弥陀仏　「親鸞教学」三六号　大谷大学　昭和五五年

KODANSHA

本書は一九八六年一月、法蔵館刊の『老荘と仏教』を底本としました。

森　三樹三郎（もり　みきさぶろう）

1909～1986。京都府生まれ。京都大学文学部哲学科卒業。大阪大学名誉教授。専攻は中国哲学史。文学博士。著書に『梁の武帝』『中国古代神話』『無の思想』『名と恥の文化』『神なき時代』『中国思想史』『老子・荘子』（学術文庫）など，訳書に『荘子』など。

講談社学術文庫

定価はカバーに表示してあります。

老荘《ろうそう》と仏教《ぶつきよう》

森《もり》　三《み》樹《き》三郎《さぶろう》

2003年９月10日　第１刷発行
2024年10月３日　第10刷発行

発行者　篠木和久
発行所　株式会社講談社
　　　　東京都文京区音羽 2-12-21 〒112-8001
　　　　電話　編集（03）5395-3512
　　　　　　　販売（03）5395-5817
　　　　　　　業務（03）5395-3615
装　幀　蟹江征治
印　刷　株式会社広済堂ネクスト
製　本　株式会社国宝社

ISBN4-06-159613-6

「講談社学術文庫」の刊行に当たって

これは、学術をポケットに入れることをモットーとして生まれた文庫である。学術は少年の心を養い、成年の心を満たす。その学術がポケットにはいる形で、万人のものになることは、生涯教育をうたう現代の理想である。

こうした考え方は、学術を巨大な城のように見る世間の常識に反するかもしれない。また、一部の人たちからは、学術の権威をおとすものと非難されるかもしれない。しかし、それはいずれも学術の新しい在り方を解しないものといわざるをえない。

学術は、まず魔術への挑戦から始まった。やがて、いわゆる常識をつぎつぎに改めていった。学術の権威は、幾百年、幾千年にわたる、苦しい戦いの成果である。こうしてきずきあげられた城が、一見して近づきがたいものにうつるのは、そのためである。しかし、学術の権威を、その形の上だけで判断してはならない。その生成のあとをかえりみれば、その根は常に人々の生活の中にあった。学術が大きな力たりうるのはそのためであって、生活をはなれた学術は、どこにもない。

開かれた社会といわれる現代にとって、これはまったく自明である。生活と学術との間に、もし距離があるとすれば、何をおいてもこれを埋めねばならない。もしこの距離が形の上の迷信からきているとすれば、その迷信をうち破らねばならぬ。

学術文庫は、内外の迷信を打破し、学術のために新しい天地をひらく意図をもって生まれた。文庫という小さい形と、学術という壮大な城とが、完全に両立するためには、なおいくらかの時を必要とするであろう。しかし、学術をポケットにした社会が、人間の生活にとってより豊かな社会であることは、たしかである。そうした社会の実現のために、文庫の世界に新しいジャンルを加えることができれば幸いである。

一九七六年六月

野間省一